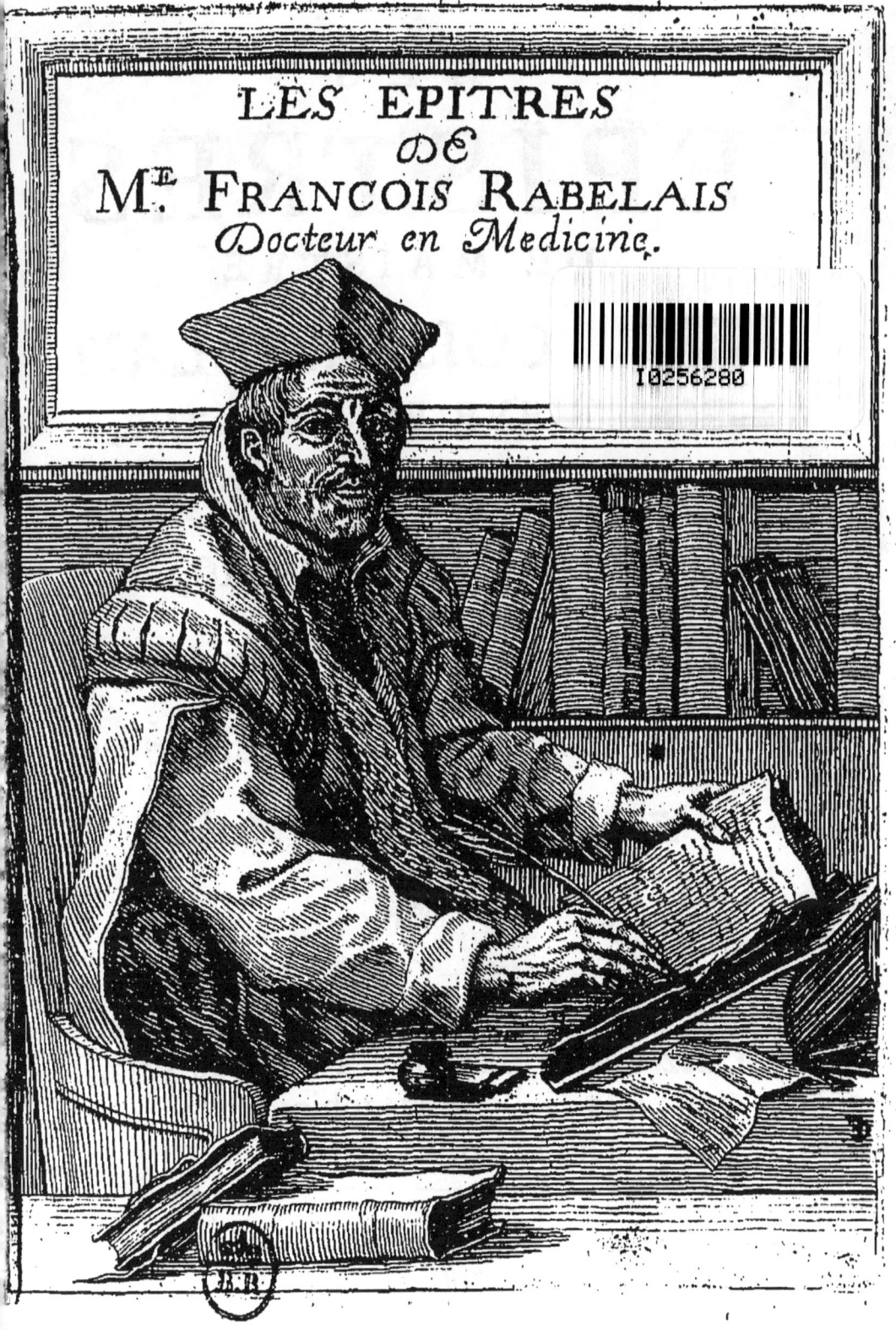

LES EPISTRES
DE MAISTRE
FRANCOIS RABELAIS
DOCTEVR EN MEDECINE,

ESCRITES PENDANT
son voyage d'Italie,

Nouuellement mises en lumiere.

Auec des Obseruations Historiques.

Et l'Abregé de la vie de l'Autheur.

A PARIS,
Chez CHARLES DE SERCY, au Palais,
en la Gallerie Dauphine, à la
Bonne Foy Couronnée.

M. DC. LI.
Auec Priuilege du Roy.

PROVERBIORVM
xxiij.
CAPITE.

IN AVRIBVS INSIPIENTIVM
NE LOQVARIS, QVIA
DESPICIENT DOCTRI-
NAM ELOQVII
TVI.

IOANNES SARESBE-RIENSIS EPISCOPVS CAR-NOTENSIS, IN POLICRATICO, de Nugis Curialium & vestigiis Philosophorum.

LIB. VIII.

SI hæc quæ tibi sincerâ deuotione curaui scribere legere non vacat, quia aut insipida sunt sensibus, verbis inculta non placent; Si probaueris intentionem, Patrocinaberis operi. Multitudinis imperitæ non formido iudicia, meis tamen rogo parcant opusculis. Quæ autem de Curialibus Nugis dicta sunt, forte in me, aut mei similibus deprehendi, & planè nimis arctâ lege constringor, si meipsum & amicos castigare & emendare non licet. Profectò qui ad hæc rugabit nares, frontem contrahet, aut faciem rubore vestiet, aut pallore confundet, cuius labia contrahentur aut salient, toxicabitur lingua, seipsum nugis nostris conuincet obnoxium. In quibus fuit propositi semper à nugis, ad bona transire seria, & ad id quod decet & prodest, instituere vitam.

LA VIE DE FRANCOIS RABELAIS.

E n'est pas pour entreprendre l'Apologie, n'y le Panegyrique de la vie de cet Autheur que l'on publie ses Epistres, & l'on n'apprehende pas qu'en luy faisant vn Eloge, quelques seueres Critiques ne reprochent, que plusieurs Sçauans du Siecle dernier ont eu tort de le mettre au rang des hommes de Lettres: Il se peut

dire, que si l'intemperance de sa Langue, & son humeur folastre & comique eussent pû estre moderées par l'estude des bonnes lettres, & par la connoissance des Langues qu'il auoit, principalement de la Grecque, dont au rapport du celebre Budée, il estoit liberalement pourueu, c'eust esté peut estre vn des excellens hommes de son temps.

FRANÇOIS RABELAIS nasquit en la ville de Chinon au pays de Touraine; estant jeune, il se fit Religieux au Couuent des Cordeliers de la ville de Fontenay le Comte en bas Poictou, & dans peu se rendit fort docte, comme l'on apprend des Epistres Grecques du mesme Budée qui le louë de ce qu'il possedoit en excellence ceste Langue, & neantmoins deplore son infortune, puis qu'il se trouua atteint de l'enuie de ses confreres, dont il fut long-temps mal-voulu, à cause de la nouueauté de ceste Langue estrangere qui leur sembloit barbare, & à ceux qui n'en sçauoient pas gouster les delices.

Vn pareil accident arriua au sçauant Erasme, & au fameux Rabanus Magnentius Maurus, Abbé de Fulde & Archeuesque de Mayence, lequel estant en son Abbaye, y composa d'excellens ouurages de *Chronicon Hirsaugiense.*

poësie, qui le mirent en la mauuaise grace de ses Reliligieux, l'accusans de ce qu'il s'appliquoit auec trop d'ardeur aux estudes sacrées, & negligeoit de faire augmenter le bien temporel: De sorte qu'il fut contraint de se retirer vers Louis Roy de Germanie son Protecteur, où ses Moines recognoissans leur faute, & la perte qu'ils faisoient d'vn si excellent homme luy vinrent faire satisfaction, auec priere de reprendre l'administration du Monastere, ce qu'il ne voulut accepter.

Trithemius lib. de scriptor. Ecclesiast.

Pour continuer la suitte de la vie de *Rabelais*, comme il auoit l'humeur fort diuertisfante, plufieurs Grands de la Cour, fe plaifoient à fes bouffonneries; Ainfi à leur inftinct il quitta fon Cloiftre, & obtint permiffion du Pape Clement VII. de pouuoir paffer de l'Ordre de S. François à celuy de S. Benoift au Monaftere de Maillezais en Poictou. En fuitte dequoy au grand fcandale de l'Eglife, ayant depofé l'habit regulier, & pris celuy de Preftre feculier, il courut long-temps vagabond parmy le monde, & s'en alla en la ville de Montpellier en Languedoc, prit tous fes Degrez en l'Vniuerfité, & fe mit à exercer la profeffion de Medecine auec reputation. Ce fut en ceste ville qu'il enseigna ceste science en public, dans vn celebre Auditoire, comme il escrit à l'Euesque de Maillezais son Mecene, & qu'il composa ses œuures sur Hipocrate, estimées par les plus sçauans Medecins.

Depuis quittant ce sejour, il vint à Paris regnant François I. le Pere & le Restaurateur des sciences, & comme *Rabelais* estoit doué de bon esprit, il s'acquist incontinent la cognoissance & l'amitié de plusieurs personnes doctes & de haute condition. Entre autres Iean Cardinal du Bellay ayant recognu sa capacité, le voulut auoir à son seruice & en sa compagnie, lors qu'il fut enuoyé Ambassadeur du Roy Tres-Chrestien au Pape Paul III. Ce fut en ce voyage d'Italie qu'allant auec son Maistre à l'Audience de sa Saincteté, il ne pût pas s'empescher de donner vne atteinte au Pape, par vn traict facetieux que l'on raconte de luy. Il demeura long-temps à la Cour Romaine, & y contracta l'amitié de plusieurs Prelats & Cardinaux, comme il se recueille de ses Lettres. Et ce fut en ce temps qu'il obtint son absolution du mesme Souuerain Pontife, ayant encouru les censures Ecclesiastiques, tant par sa vie libertine & dissoluë, que par son humeur libre & picquante raillerie, s'addonnant à l'imitation de Lucien à se gausser des mœurs des personnes de toute sorte de conditions.

Peu aprés ce genereux Cardinal, le tira de la profession de Medecine, pour se seruir de luy en ses plus secretes negotiations, & luy donna vne Prebende en l'Eglise Collegiale de Maur des Fossez, auec la Cure du village de Meudon prés Paris. Dans ce lieu il ne composa pas comme aucuns ont cru son Pantagruelisme, mais plus vray-semblablement, ce fut dans vne maison nommée la Doüiniere, du

Bourg de l'Abbaye de Nostre Dame de Seuillé prés Chinon, qui a fourny de matiere à ceste fameuse Satyre. Le commerce que *Rabelais* auoit auec les Religieux de ce monastere, qui en ce temps-là ne viuoiēt pas dans l'austerité de leur Regle, luy fait emprunter souuent dans sa narration, le personnage du Sacristain, du baston de la Croix, du clos de vigne de Seuillé, de Lerné, de Basché, de la Sybille de Pansoult, qui sont lieux voisins de ceste Abbaye dont il fait mention.

Memoires de l'Abbaye de Seuillé.

Cet ouurage ne parut pas plustost en public, que de toutes parts il encourut le blasme des enuieux; ce qui donna sujet à *Rabelais* l'an 1552. d'escrire vne lettre de condoleance à son amy Odet Cardinal de Chastillon, luy rendant raison du motif qui l'auoit porté à le composer, qui estoit pour oster les ennuis à plusieurs personnes malades & langoureux, qui receuoient de l'allegresse & de la consolation par ce diuertissement innocent, deplorant la calomnie de certains Cannibales (dit-il) si animez contre luy, que de dire que ce liure estoit plein d'heresies, dont le Roy François I. estant auerty, & ayant eu la curiosité d'en auoir la lecture, il n'y trouua

aucun

aucun sujet de blasme.

Ce trauail Satyrique dont le seul tesmoignage de Monsieur le President de Thou, suffit pour n'estre pas pas vne piece à mespriser, n'empescha point *Rabelais* de vacquer à d'autres ouurages plus serieux & plus doctes ; comme aux Aphorismes d'Hipocrate qu'il mit fidellement & purement en Latin, & à la composition de quelques Epistres Françoises & Latines, qu'il escriuit d'vn beau style, au Cardinal de Chastillon, à l'Euesque de Maillezais, à André Tiraqueau, & autres personnes de grand sçauoir : Il publia aussi la Schiomachie & feſtins faits à Rome, au Palais du Cardinal du Bellay, pour la naiſſance du Duc d'Orleãs: & l'on remarque par la lecture de ſes Lettres Françoiſes qu'il eſtoit homme de negotiation, s'eſtant acquis à Rome l'amitié de pluſieurs grands Prelats & Cardinaux.

Le temps du deceds de *François Rabelais* eſt incertain, neantmoins quelques-vns aſſeurent, que ce fut l'an 1553. comme raporte le Reuerend Pere Pierre de S. Romuald Religieux de l'Ordre des Feüillans, en la troiſieſme partie de ſon Threſor Chronologique où il traicte pluſieurs particularitez de ſa vie.

Ioachim du Bellay, Iean Anthoine de Baïf, Pierre Boulanger, & autres sçauans Poëtes, composerent à sa memoire des Epitaphes. Estienne Pasquier rapporte celuy-cy dans son liure de Tombeaux.

Siue tibi sit Lucianus alter,
Siue sit Cynicus, quid Hospes ad te?
Hac vnus Rabelæsius facetus,
Nugarum pater, artifexque mirus,
Quidquid is fuerit, recumbit vrnâ.

En vn autre lieu de son Recueil des Portraicts,

Ille ego Gallorum Gallus Democritus, illo
Gratius, aut si quid Gallia progenuit.
Sic homines, sic & cœlestia numina lusi,
Vix homines, vix vt Numina læsa putes.

Plusieurs personnes doctes ont fait mention de luy dans leurs Ouurages ; Guillaume Budée Maistre des Requestes en son liure d'Epistres Grecques, Iacques Aug. de Thou President en la Cour de Parlement au 38. liu. de son Histoire, & au Traicté qu'il a composé de sa vie, Pierre de Ronsard le Prince des Poëtes, Theodore de Beze en ses Poësies, Estienne Pasquier dans ses Recherches, Clement Marot, Estienne Dolet, François Bacon Chancelier d'Angleterre en son Liure de l'Augmentation des Sciences. André du Chesne au Traitté des Antiquitez de France, Gabriel Michel de la Rochemaillet en la vie des illuſtres perſonnages. Le Seigneur de la Croix du Maine en ſa Bibliotheque, Anthoine du Verdier en ſa Proſographie, François Ranchin Medecin de Montpelier, & autres Hiſtoriens qui ſont raportez dans l'Ouurage intitulé *Floretum Philoſophicum* où eſt deſcrite vne ample narration de ſa vie, & de ceux qui en ont iuſques icy parlé.

DE RABELÆSO,
CLARORVM ALIQVOT
scriptorium testimonia?

Guilielmus Budæus in Epistolis Græcis.

O Deum immortalem & Sodalitatis præsulem, nostréque amicitiæ Principem quidnam est istud quod audiuimus? Te etenim ô caput mihi exoptatum, & *Rabalasum* Theseum tuum intelligo ab istis elegantiæ & venustatis osoribus Sodalibus vestris obturbatos propter vehemẽs circa Litteras Græcas studiũ, quam plurimis grauibusque malis vexari. Papè ô infaustā virorū delirationem: Qui vsque adeò sunt animo ineleganti ac stupido, vt quibus cohonestari vniuersum sodalitium vestrum conuenerat multúmque sapere, quippe qui exiguo temporis spatio ad doctrinæ fastigiū peruenerint, eosdem sanè calumniosè insimulando, in ipsósque coniurando finem imponere conati sunt ornatissimæ exercitationi. *Et post alia.* Vale & salutato meo nomine quater *Rabalasum* scitum & industrium vel sermone si præstò sit aut per Epistolas denuncians.

VIRI ILLVSTRISS.

IAC. AVG. THVANI,

IN SVPREMO REGNI Senatu Præsidis.

Commentariorum de vita sua.

LIB. VI.

Chinone hospitium habebat (*Thuanus*) in domo oppidi amplissima, quæ quondam *Francisci Rabelæsi* fuit, qui litteris Græcis, Latinisque instructissimus, & Medicinæ quam profitebatur peritissimus, postremo omni serio omisso se totus vitæ solutæ ac gulæ mancipauit, & ridendi artem hominis, sicut ipse aiebat propriam amplexus, Democritica libertate & scurrili interdum dicacitate Scriptum ingeniosissimum fecit, quo vitæ regnique cunctos Ordines quasi in scenam sub fictis nominibus produxit, & populo deridendos propinauit. Hominis ridiculi qui tota vita ac scriptis, ridendi alijs materiam prebuit, memoria à Thuano & Calignono hic renouata est, cum bellè cum *Rabelæsi* Manibus actum vterque diceret, quod Domus eius publico diuersorio, in quo perpetuæ comessationes erant, hortus adiacens ad ludum oppidanis per dies festos se exercentibus, proiectum in hortum despiciens, in quo cum litteris operam dabat, libros habere & studere solitus erat, vinariæ cellæ inseruiret, ex eáque occasione Thuanus à Calignono inuitatus, hoc Carmen extemporaneum fecit.

IPSE RABELÆSVS
Loquitur.

SIc vixi, vt vixisse mihi iocus,
　atque legenti
　Quos viuus scripsi, sit iocus vsque
　　iocos.
Per risum atque iocos homini data vi-
　ta fruenda,
　Inter amarescit seria felle magis.
Et nunc ne placidos lædant quoque se-
　ria manes,
　Cauit Echionij prouida cura Dei.
Nam quæ à patre domus fuerat Chi-
　none relicta,
　Qua vitreò Lemouix amne Vigen-
　　na fluit.
Postquam abij, communis in vsum
　versa tabernæ,
　Lætifico strepitu nocte dieque sonat.

Ridet in hac hospes pernox, ridetur in horto,
Cum populus festo cessat in vrbe die.
Tibiaque inflato saltantes incitat vtre,
Tibia Pictonicos docta ciere modos.
Et quæ Musæum domino, quæ cella libellis,
Nectareo spumat nunc apotheca mero.
Sic mihi post minimum vitæ tam suauiter actum,
Dent hodie ad priscos fata redire iocos.
Non alia patrias ædes mercede locare,
Vendere non alia conditione velim.

THEODORVS BEZA
DE FRANCISCO RABELÆSIO.

Qui sic nugatur, tractantem vt seria vincat,
Seria cum faciet, dic rogo quantus erit?

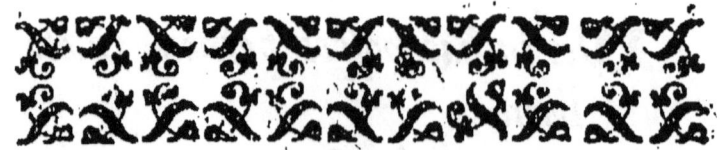

EX
LIBRO PRIMO
ELOGIORVM
GALLORVM
Doctrina Illustrium.

FRANCISCVS RABE-LESÆVS è Chinone (Turonum id est opidum propè Ligeris & Vigennæ confluentem) inter Diui Francisci Cucullatos in Pictonibus primùm educatus est. Sed impulsu quorumdam procerum, qui vrbana eius dicacitate plurimum, oblectabantur, Monasterij clauſtra iuuenis tranſilijt, demúmque in ridendis hominum actionibus totus fuit. Cùm enim pro ea qua pollebat linguarum & Medicinæ ſcientia. Multa grauiter & eruditè poſſet ſcribere, quod & Hippocratis Aphoriſmi ab illo caſtâ fide traducti, & aliquot epiſtolę nitido Stylo conſcriptæ ſatis indicant, Lucianum tamen æmulari maluit, ad cuius exemplum ea Sermone patrio finxit, quę merę quidem nugę ſunt, ſed eiuſmodi tamen ſunt vt Lectorem quamlibet eruditum capiant, & incredibili quadam voluptate perfundant. Neque ſolùm erat in scribendo salis & facetiarum plenus, verum & eandem iocandi libertatem apud quemlibet & in omni sermone retinebat; adeò vt Romam cum Ioanne Bellajo Cardinale profectus, & in Pauli III. conspectum venire iussus, ne ipsi quidem Pontifici Maximo pepercerit. Atque hanc intemperantię suę causam ingeniosè prætexebat, quòd cum Sanitati conseruandę nihil magis officiat quàm mœror & egrimonia, prudentis Medici partes sint non minus in mentibus hominum exhilarandis, quàm in corporibus curandis laborare. Mortuus est apud Meu-

donium vicum agri Parisien-
sis ad quartum ab vrbe lapi-
dem, vbi tenue Sacerdotium
Cardinalis beneficio posside-
bat.

TRADV-

TRADVCTION
DV LATIN DES ELOGES
des hommes Illustres de Sceuole de Saincte-Marthe, par Monsieur Colletet.

FRANÇOIS RABELAIS nasquit à Chinon, ville de Touraine, scituée pres du lieu où s'assemblent ces deux fameuses riuieres, Loire & Vienne. Il passa ses premiers ans à Poictiers parmy les Religieux de l'Ordre de sainct François, dont il estoit du nombre. Mais il aduint qu'à la suscitation de quelques Grands de la Cour qui prenoient plaisir à ses bons

i

mots & à ses railleries naturelles, il abandonna le Monastere & l'habit mesme de Religieux, & employa depuis tout le temps de sa vie à se rire des actions des hommes. Comme il auoit vne conoissance parfaite des Langues, & de la Sciēce de Medecine, ainsi que les Aphorismes d'Hippocrate qu'il mit fidellement & purement en Latin, & quelques Epistres de sa façon escrites d'vn beau stile & auec beaucoup d'élegance en rendront tousiours tesmoignage, il n'y a point de doute qu'auec ces aduantages signalez il eust pû doctement traicter des matieres hautes & serieuses, &

qu'il s'en fut aussi dignement acquitté que pas vn autre de son siecle. Mais apres auoir exactement consideré tous les Autheurs tant anciens que modernes, il les mesprisa tous pour embrasser le seul Lucien, qu'il trouua le plus conforme à son humeur, & s'adonna tout à fait à l'imiter. Aussi fust-ce à son exemple qu'il inuenta des fables en François, lesquelles souz des contes veritablement friuoles & ridicules, & des resueries toutes pures ne laissent pas de faire aduoüer au Lecteur, que pour docte qu'il soit, ceste lecture le rend plus sçauant encore, & le diuertit agreablement.

Mais si les Escrits de cét homme facetieux estoient remplis de traits agreables & de picquantes railleries, son entretien ordinaire n'en auoit pas moins; en quelque lieu qu'il fust il conseruoit tousiours cet humeur gaye & libre, qui le portoit à se gausser du monde; iusques-là mesme qu'estant à Rome en la compagnie du Cardinal du Bellay, il ne pust s'empescher de donner vne atteinte au Pape Paul III. lors qu'il receut le commandement d'aller baiser les pieds de sa Saincteté. Mais pour excuser ingenieusement l'intemperance de sa langue, & son humeur folaſtre & comique, il diſoit que n'y ayant rien de plus contraire à la ſanté que la triſteſſe & la melancholie, le prudent & ſage Medecin ne deuoit pas moins trauailler à réjoüir l'eſprit abbatu de ſes malades qu'à guerir les infirmitez de leur corps. Il mourut dans le voiſinage de Paris, au village de Meudon, où il poſſedoit vn petit Benefice, dont il eſtoit redeuable à la bonté de ce genereux Cardinal, qui faiſoit gloire d'eſtre ſon Protecteur & ſon Meçene.

EXTRAICT DV PRIuilege du Roy.

PAR grace & priuilege du Roy donné à Paris le 6. iour de Ianuier 1651. Signé, Par le Roy en son Conseil, COVPEAV, Il est permis à CHARLES DE SERCY, Marchand Libraire à Paris, d'imprimer ou faire imprimer vn liure intitulé, LES EPISTRES DE FRANÇOIS RABELAIS Docteur en Medecine par luy composées & escrites à Monsieur l'Euesque de Maillezais, &c. durāt le tēps de dix ans, à compter du iour que ledit Liure sera acheué d'imprimer. Et deffences sont faictes à tous Imprimeurs & Libraires de l'imprimer, vendre n'y debiter d'autres impressions que de celles dudit DE SERCY; à peine de deux mil liures d'amende, confiscation des exemplaires, & de tous despens, dommages & interests, ainsi qu'il est porté plus amplement par lesdites Lettres.

Acheué d'imprimer pour la premiere fois le 11. Mars 1651.

Les Exemplaires ont esté fournis

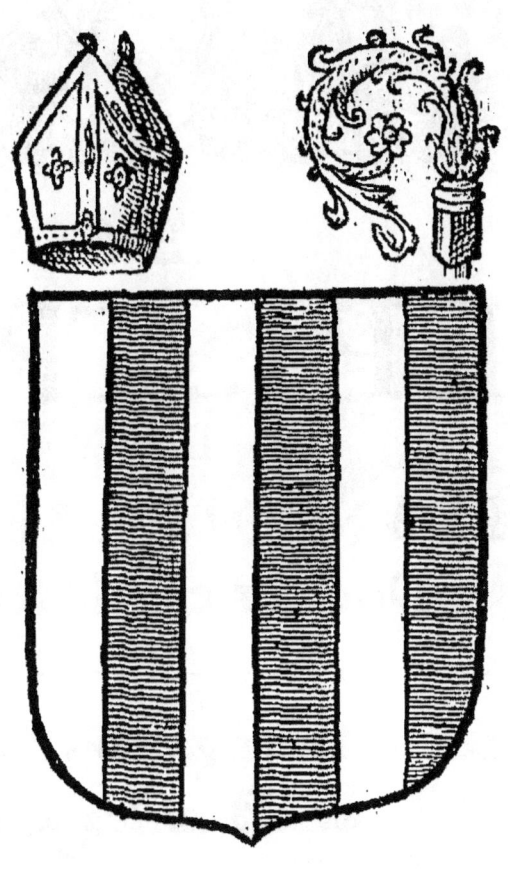

GODEFROY D'ESTISSAC,

EVESQVE

DE MAILLEZAIS,

Portoit en ses Armes pallé d'argent & d'azur de six pieces.

LES

LES
EPISTRES
DE
FRANÇOIS RABELAIS,
Docteur en Medecine.

A Monseigneur l'Euesque de Maillezais.

EPISTRE I.

ONSEIGNEVR,

Ie vous escriuis du vingt neufiesme iour de Nouem-

A

1536.

Naples.

Dom Philippes, Religieux de Maillezais.

bre bien amplement, & vous enuoyay des graines de Naples, pour vos salades, de toutes les sortes que l'on mange de pardeçà, excepté de pimpernelle, de laquelle pour lors ie ne pûs recouurir. Ie vous en enuoye presentement, non en grande quantité: car pour vne fois, ie n'en peus d'auantage charger le courrier; mais si plus largement en voulez, ou pour vos jardins, ou pour donner ailleurs, me l'escriuant ie vous l'enuoiray. Ie vous auois parauant escrit, & enuoyé les quatre Signatures, concernantes les benefices de Frere Dom Philippes, impetrez au nom de ceux que couchiez par vostre memoire. Depuis n'ay receu de vos lettres, qui fissent mention d'auoir receu lesdites Signatures. I'en ay bien receu vne dattee de l'Ermenaud, lors que Madame d'*Estissac* y passa, par laquelle m'escriuiez de la reception de deux pacquets que vous auois enuoyé; l'vn de Ferrare, l'autre de cette ville, auec le chiffre que vous escriuois: Mais à ce que i'entends, vous n'auiez encore receu le pacquet, auquel estoient lesdites Signatures.

Pour le présent, ie vous puis avertir, que mon affaire a esté concedé, & expedié, beaucoup mieux & plus seurement

1536.

Chasteau de l'Ermenaud. Madame d'Estissac.

Expedition de l'affaire de Rabelais, en Cour de Rome.

1536. que ie ne l'eusse souhaité; & y ay eu ayde & conseil, de gens de bien. Mesmement du Cardinal de *Genutiis*, qui est Iuge du Palais, & du Cardinal *Simonetta*, qui estoit Auditeur de la Chambre, & bien sçauant & entendant telles matieres. Le Pape estoit d'aduis; Que ie passasse mondit affaire *Per Cameram*: Les susdits ont esté d'opinion que ce fust par la Cour des Contredits. Pource que ; *In foro contentioso*, elle est irréfragable en France, & *Quæ per contradictoria transiguntur, transeunt in rem Iudicatam* ; *Quæ autem per Cameram, & impugnari possunt, & in iudicium veniunt*.

Cardinal de Genutiis.

Cardinal Simonetta.

Aduis du Pape sur cette affaire

Opinion des Cardinaux.

En tout cas il ne me reste, qu'à 1536. leuer les Bulles *sub plumbo.*

Monsieur le Cardinal du *Bellay*, ensemble, Monsieur de *Mascon*, m'ont asseuré que la composition me sera faite *gratis*. Combien que le Pape par vsance ordinaire, ne donne *gratis*, fors ce qui est expedié *per Cameram*. Restera seulement à payer, les Referendaires, Procureurs, & autres tels barboüilleurs de parchemin. Si mon argent est court, ie me recommanderay à vos aumosnes; car ie crois que ie ne partiray point d'icy, que l'Empereur ne s'en aille.

[marginalia: Le Cardinal du Bellay. L'Euesque de Mascon. Officiers de la Rote.]

1536.
L'Empereur Charles V. à Naples.

Il est de present à Naples, & en partira selon qu'il a escrit au Pape, le sixiesme de Ianuier. Ia toute cette ville est pleine d'Espagnols : Et a enuoyé pardeuers le Pape vn Ambassadeur expres outre le sien ordinaire, pour l'aduertir de sa venuë. Le Pape luy cede la moitié du Palais, & tout le bourg de sainct Pierre pour ses gens, & fait apprester trois mille licts, à la mode Romaine, sçauoir est des matelats. Car la ville en est despourueuë, depuis le sac des Lansquenets. Et a fait prouision de foing, de paille, d'auoine, spelte & orge, tant qu'il en

Enuoye vn Ambassadeur au Pape l'auertir de sa venuë. Le Pape cede à l'Empereur son Palais. Appareil pour sa venuë.

Sac de la Ville de Rome.

a pû recouurir; Et de vin, tout ce qu'en est arriué en Ripe. *Ie pense qu'il luy coustera bon, dont il se passast bien en la pauureté où il est, qui est grande, & apparente, plus qu'en Pape qui fust depuis trois cens ans en çà.* Les Romains n'ont encore conclud, comment ils s'y doiuent gouuerner, & souuent a esté faite assemblée, de par le Senateur, Conseruateurs & Gouuerneur: mais ils ne peuuent accorder en opinions. *L'Empereur par sondit Ambassadeur, leur a denoncé, qu'il n'entend point, que ses gens viuent à discretion, c'est à dire sans payer, mais à discre-*

Disette du Pape.

Assemblée des Romains pour la reception de l'Empereur à Rome.

Senateur. Conseruateur. Gouuerneur de Rome.

Propositiõ de l'Empereur au Pape.

A iiij

8 *Les Epistres*

1536. *tion du Pape, qui est ce que plus griefue le Pape : Car il entend bien, que par cette parole, l'Empereur veut voir, comment, & de quelle affection il le traittera luy & ses gens.*

<small>Ambassade du Pape vers l'Empereur Charles V.</small>

Le sainct Pere par élection du Consistoire, a enuoyé pardeuers luy deux Legats, sçauoir est le Cardinal de *Senes*, & le Cardinal *Cesarin*. Depuis y sont d'abondant allez, les Cardinaux *Saluiaty* & *Rodolphe*; & Monsieur de *Saintes* auec eux. J'entends que c'est pour l'affaire de Florence, & pour le different qui est entre le Duc *Alexandre*

<small>Cardinaux de Sienne, Cesarin, Saluiaty, Rodolphe.</small>

<small>Diferend entre le Duc de Toscane, Alexandre</small>

de Medicis, & *Philippes* *Stroßi*, duquel vouloit ledit Duc confisquer les biens qui ne sont petits : car apres les *Fourques de Auxbourg* en Allemagne, il est estimé le plus riche Marchand de la Chrestienté ; & auoit mis gens en cette ville pour l'empoisonner ou tuër quoy que ce fust. De laquelle entreprise auerti, impetra du Pape, de porter armes. Et alloit ordinairement accompagné de trente soldats bien armez à point. Ledit Duc de Florence, comme ie pense aduerti, que ledit Stroffy auec les susdits Cardinaux s'estoit retiré pardeuers l'Empereur, & qu'il offroit

1536.
de Medicis, & Philippe Strozzi.

Origine de la Maison des Fourques d'Ausbourg.

Equipage de Strozzi à Rome.

Duc de Florence.

1536.
Strozzy offre à l'Empereur quatre cent mil ducats pour sa protectiõ

Cardinal Cybo.

Arriuée du Duc à Rome, & son équipage.

audit Empereur, quatre cens mille ducats, pour seulement commettre gens, qui informassent sur la tyrannie, & meschanceté dudit Duc, partit de Florence, constitua le Cardinal *Cybo* son Gouuerneur, & arriua en ceste ville, le lendemain de Noël sur les vingt & trois heures, entra par la porte S. Pierre, accompagné de cinquante cheuaux legers, armez en blanc, & la lance au poing, & enuiron de cent arquebusiers. Le reste de son train estoit petit, & mal en ordre. Et ne luy fut faite entrée quiconques, excepté que l'Ambassadeur de l'Empereur, alla au deuant iusques à ladite porte. Entré que fut, se transporta au Palais, & eut audience du Pape qui peu dura. Et fut logé au Palais S. Georges. Le lendemain matin, partit accompagné comme deuant.

Son Audiāce du Pape.

Depuis huict iours en çà, sont venuës nouuelles en ceste ville, & en a le sainct Pere receu lettres de diuers lieux, comment le Sophy Roy des Perses, a deffait l'armee du Turc. Hier au soir arriua icy, le neueu de Monsieur de *Vely*, Ambassadeur pour le Roy pardeuers l'Empereur, qui conta à Monsieur le Cardinal du *Bellay*, que la chose est veritable : & que ç'a esté la

Sophi défait l'armée du Turc.

M. de Vely Ambassadeur à Rome.

1536.
Bataille entro le Sophi & le Turc.

plus grande tuërie qui fut faite depuis quatre cens ans en çà : Car du costé du Turc, ont esté occis plus de quarante mille cheuaux.

Considerez quel nombre de gens de pied y est demeuré ? Pareillement du costé dudit Sophy. Car entre gens qui ne fuyent pas volontiers, *non solet esse incruenta victoria*.

Tauris.

La deffaite principale, fut prés d'vne petite ville nommée Coni, peu distante de la grande ville Tauris, pour laquelle, sont en differend le Sophy & le Turc, le demeurant fut fait prés d'vne place nommée Betelis. La maniere fut, que ledit Turc auoit party son armée, & part d'icelle enuoyé pour prendre Coni. Le Sophy de ce aduerty, auec toute son armée rua sur cette partie, sans qu'ils se donnassent garde. *Voylà qu'il fait mauuais auis, de partir son ost deuant la Victoire. Les François en sçauroient bien que dire, quand de deuant Pauie, Monsieur d'Albanie emmena la fleur & la force du camp.* Cefte route & deffaite entenduë, Barberousse s'est retiré à Constantinople, pour donner seureté au païs, & dit par ses bons Dieux, que ce n'est rien en consideration de la grande puissance du

margin: 1536. Betelis. Coni. Cause de la route de l'armée Turquesque. Bataille de Pauie. Le Duc d'Albanie. Barberousse se retire a Constantinople.

1536. Turc. Mais l'Empereur est hors celle peur, qu'il auoit que ledit Turc, ne vint en Sicile, comme il auoit deliberé à la prime vere. Et se peut tenir la Chrestienté, en bon repos d'icy à long-temps, & ceux qui mettent les Decimes sur l'Eglise, eo pretextu, qu'ils se veulent fortifier pour la venuë du Turc, sont mal garnis d'argumens demonstratifs.

Decimes pour la guerre du Turc.

EPISTRE II.

Monseigneur,

J'ay receu lettres de Monsieur de Sainct Cerdos, dattées de Dijon, par lesquelles il me aduertist, du procez qu'il à pendant en cette Cour de Rome. Ie ne luy oserois faire responce, sans me hazarder d'encourir grande fascherie. Mais i'entends qu'il a le meilleur droict du monde, & qu'on luy fait tort manifeste. Et y deveroit venir en personne.. *Car il n'y à procez*

M. de Sainct Cerdos.

1536.

faute de solliciter, procez se perdent.

tant équitable, qui ne se perde, quand on ne le sollicite; mesmément ayant fortes parties, auec authorité de menacer les solliciteurs, s'ils en parlent. Faute de chifre m'en garde vous en escrire d'auantage. Mais il me déplaist voir ce que ie vois, attendu la bonne amour que luy portez, principalement, & aussi qu'il m'a de tout temps fauorisé, & aymé. En mon aduis, Monsieur de Basilac Conseiller de Thoulouse, y est bien venu cet hyuer, pour moindre cas, & est plus vieil & cassé que luy, & a eu l'expedition bien-tost à son profit.

EPISTRE III.

MONSEIGNEVR

Aujourd'huy matin est retourné icy le Duc de *Ferrare*, qui estoit allé pardeuers l'Empereur à Naples. Ie n'ay encores sceu, comment il a appointé, touchant l'inuestiture, & recognoissance de ses Terres. Mais j'entends qu'il n'est pas retourné fort content dudit Empereur. Ie me doubte, qu'il sera contraint mettre au vent, les es-

Duc de Ferrare.

Va trouuer l'Empereur pour l'inuestiture de ses Terres,

B

1536.

Refuse le party du Roy François I.

Ligue de l'Empereur en Italie.

L'Euesque de Limoges Ambassadeur à Rome.

Renée de France Duchesse de Ferrare.

Madame de Soubise.

cus que son feu pere luy laissa, & le Pape & l'Empereur, le plumeront à leur vouloir, mesmément qu'il a refusé le party du Roy, apres auoir dilayé, d'entrer en la Ligue de l'Empereur plus de six mois, quelques remonstrances ou menaces qu'on luy ait fait, de la part dudit Empereur. De fait Monsieur de *Limoges*, qui estoit à Ferrare Ambassadeur pour le Roy, voyant que ledit Duc, sans l'aduertir de son entreprise s'estoit retiré vers l'Empereur, est retourné en France. Il y a danger que Madame *Renée* en souffre fascherie : Ledit Duc luy a osté, Madame de *Soubise* sa Gou-

uernante, & la fait seruir par 1536.
Italiennes, *Qui n'est pas bon
signe.*

EPISTRE IV.

Monseigneur,

Il y a trois iours, qu'vn des gens de *Crissé*, est icy arriué en poste, & porte aduertissement que la bande du Seigneur *Rance*, qui estoit allé au secours de Geneve, a esté deffaite par les gens du Duc de *Sauoye*. Auec luy venoit vn courier de Sauoye, qui en porte

M. de Crissé.

Defaite du Seigneur Rance, par le Duc de Sauoye.

1536. les nouuelles à l'Empereur. Ce pourroit bien estre *Seminarium futuri Belli* : Car volontiers ces petites noises, tirent apres soy grandes batailles, comme est facile à voir, par les Antiques Histoires tant Grecques que Romaines, & Françoises aussi ; Ainsi que appert en la bataille qui fut à Vireton.

Bataille de Vireton.

EPISTRE V.

MONSEIGNEVR,

Depuis quinze iours en çà, André Doria qui estoit allé

pour auitailler ceux qui de par 1536.
l'Empereur, tiennent la Gou- *La Goulette.*
leta pres Tunis, mesmément
les fournir d'eaux. (*Car les* *Arabe d'Affrique.*
Arabes du pays, leur font
guerre continuellement, & ne † *Arriuée de Doria.*
ozent sortir de leur fort,) est
arriué à Naples, & n'a demeuré que trois iours auec
l'Empereur, puis est party *Son depart*
auec vingt & neuf Galeres. *pour côbatre les Corsaires.*
On dit que c'est pour rencon-
trer le Iudeo, & Cacciadiauolo, qui ont bruslé grand païs en
Sardaigne, & Minorque. Le
Grand Maistre de Rhodes Pie- *Mort du Grand Maistre de Rhodes.*
montois, est mort ces iours
derniers; en son lieu a esté éleu,
le Commandeur de Forton entre Montauban & Thoulouse.

EPISTRE VI.

MONSEIGNEVR,

Liure de pronostics.

Ie vous enuoye vn liure de prognostics, duquel toute ceste ville est embesoignée, intitulé, *De euersione Europæ.* De ma part, ie ny adjouste foy aucune. Mais on ne veid oncques Rome, tant addonnée à ces Vanitez & Diuinations, comme elle est de present. Ie crois que la cause est, Car Mobile mutatur semper, cum Principe vulgus.

La ville de Rome adónée à ses vanitez.

Ie vous enuoye aussi vn Almanach, pour l'an qui vient M. D. XXXVI. D'auantage, ie vous enuoye, le double d'vn Bref que le Sainct Pere a decreté n'agueres pour la venuë de l'Empereur. Ie vous enuoye aussi l'entrée de l'Empereur en Messine, & Naples, & l'Oraison Funebre, qui fut faite à l'enterrement, du feu Duc de Milan.

1536.

Messine.
Naples.

Duc de Milan.

Monseigneur tant humblement faire ie puis, à vostre bonne grace me recommande, priant nostre Seigneur, vous donner en santé bonne & longue vie.

A Rome, ce xxx. iour de Decembre 1536.

Voſtre trés-humble Seruiteur,
FRANCOIS RABELAIS.

EPISTRE VII.

A MONSEIGNEVR de Maillezais.

MONSEIGNVR,

I'ay receu les lettres, que vous a plû m'eſcrire dattées du ſecond iour de Decembre.

Par lesquelles ay cognu que auez receu mes deux paquets; l'vn du dix-huictiesme, l'autre du vingt & deuxiesme d'Octobre, auec les quatre signatures que vous enuoyois. Depuis vous ay escrit bien amplement, du vingt & neuf de Nouembre, & du trentiesme de Decembre. Ie crois que à ceste heure ayez eu lesdits pacquets. Car le sire Michel Parmentier Libraire, demeurant à l'Escu de Basle, m'a escrit du cinquiesme de ce mois present, qu'il les auoit receus & enuoyé à Poitiers. Vous pouuez estre asseuré, que les pacquets que ie vous enuoy-

1536.

Parmentier Libraire à Lyon.

ray, seront fidelement tenus d'icy à Lyon. Car ie les mets dedans le grand pacquet Ciré, qui est pour les affaires du Roy, & quand le courrier arriue à Lyon, il est desployé par Monsieur le Gouuerneur ; Lors son Secretaire qui est bien de mes amis, prend le pacquet que i'addresse au dessus de la premiere couuerture, audit Michel Parmentier. Pourtant n'y à difficulté, sinon depuis Lyon, iusques à Poitiers : c'est la cause pourquoy ie me suis auisé de le taxer, pour plus seurement estre tenu à Poitiers par les Messagers, sous l'espoir de y gaigner quelque Teston.

marginalia: 1536. — Gouuerneur de Lyon. — Poitiers.

De ma part j'entretiens tous-jours ledit Parmentier, par petits dons, que luy enuoye des nouuelettes de pardeçà, ou à sa femme, afin qu'il soit plus diligēt à chercher Marchands ou Messagers de Poitiers qui vous rendent les pacquets. Et suis bien de cet auis que m'escriuiez, qui est de ne les liurer entre les mains des Banquiers, de peur que ne fussent crochetez & ouuerts. Ie serois d'opinion que la premiere fois que m'escrirez, mesmément si c'est affaire d'importance, que vous escriuiez vn mot audit Parmentier, & dedans vostre lettre, mettre vn escu pour luy,

1536.

Banquiers de peu de foy.

1536.

en consideration des diligences qu'il fait de m'enuoyer vos pacquets, & vous enuoyer les miens. *Peu de chose oblige aucunefois beaucoup les gens de bien, les rend plus feruents à l'aduenir, quand le cas importeroit vrgente depesche.*

EPISTRE VIII.

Monseigneur,

L'Euesque de Saintes, les Cardinaux Saluiati & Rodolphe en-

Ie n'ay encore baillé vos lettres à Monsieur de *Saintes*, car il n'est retourné de Naples où il estoit allé auec les Cardinaux *Saluiati*, & *Rodolfe*. Dedans deux iours doit icy arriuer, ie luy bailleray vofdites lettres, & folliciteray pour la refponfe. Puis vous l'enuoiray par le premier courrier qui fera depefché. I'entends que leurs affaires n'ont eu expedition de l'Empereur, telle comme ils efperoient: *Et que l'Empereur leur a dit peremptoirement qu'à leur requefte & inftance; enfemble du feu Pape Clement: Il auoit conftitué* Alexandre de Medicis, *Duc fur les Terres de Florence & Pife; Ce que iamais n'auoit penfé faire, & ne l'euft fait. Maintenant le depofer,*

1536. noyez du Pape, pour la dépofition d'Alexandre Duc de Florence.

Leur Legation n'eft de bonne iffuë.

Réponfe de l'Empereur aux Ambaffadeurs du Pape.

Alexandre de Medicis creé Duc de Florence.

ce seroit acte de bastelleurs, qui font le fait, & le deffait: Pourtant qu'ils se deliberassent le recognoistre comme leur Duc & Seigneur, & luy obeissent comme vassaux & sujets, & qu'ils n'y fissent faute. Au regard des plaintes qu'ils faisoient contre ledit Duc, qu'il en recognoistroit sur le lieu. Car il delibere apres auoir quelque temps sejourné à Rome, passer par Senes, & de là, à Florence, à Bologne, à Milan, & Gennes. Ainsi s'en retournent lesdits Cardinaux, ensemble Monsieur de Xaintes, Strossy, & quelques autres, re infectâ.

Le 13 de ce mois, furent icy de retour, les Cardinaux de *Senes*, & *Cesarin*, lesquels auoient esté esleus par le Pape, & tout le College pour Legats pardeuers l'Empereur. Ils ont tant fait que ledit Emreur a remis sa venuë en Rome iusques à la fin de Fevrier. *Si i'auois autant d'escus comme le Pape voudroit donner de iours de pardon*, proprio motu, de plenitudine potestatis; *& autres telles circonstances fauorables, à quiconques, la remetteroit iusques à cinq ou six ans d'icy, ie serois plus riche que* Iacques Cœur *ne fut oncques.* On a commencé en ceste vil-

1536.

Les Cardinaux de Senes & Cesarin Legats

Retardemēt de la venuë de l'Empereur fauorable au Pape.

Le riche Iacques Cœur.

1536.   le gros apparat, pour receuoir: Et l'on a fait par le com-
Appareil à mandement du Pape vn che-
Rome pour min nouueau, par lequel il
l'arriuée de
l'Empereur. doit entrer. Sçauoir est, de la
Lieux où il porte Sainct Sebastien, tirant
doit passer. au Champ-doly, *Templum
pacis*, & l'Amphi-Theatre; Et
le fait on passer, sous les An-
Arcs Triō- tiques Arcs Triomphaux, de
phaux de
Constantin, Constantin, de Vespasian, &
Vespasian
& Titus. Titus, de Numetianus, & autres. Puis à costé du Palais S.
Palais de Marc, & de là par camp de
S. Marc &
de Farnese. Flour, & deuant le Palais Farnese, où souloit demeurer le
Pape, puis par les Banques, &
dessous le chasteau S. Ange.
Pour lequel chemin dresser &
égaf-

de Rabelais.

égaſer, on a démoly & abbatu plus de deux cens Maiſons, & trois ou quatre Egliſe ras terre. *Ce que pluſieurs interpretent en mauuais preſage.* Le iour de la Conuerſion S. Paul, noſtre Sainct Pere, alla oüir Meſſe à Sainct Paul, & fit banquet à tous les Cardinaux. Apres diſner retourna paſſant par le chemin ſuſdit, & logea au Palais ſainct Georges. *Mais c'eſt pitié de voir la ruine des maiſons qui ont eſté demolies, & n'eſt fait payement, ny recompenſe aucune és Seigneurs d'icelles.*

  Auiourd'huy ſont icy arriuez les Ambaſſadeurs de Ve-

1536.
Demolition des Egliſes pour l'entrée du Pape Charles V.

Le Pape tiét Chapelle à S. Paul.

Ambaſſade de la Republique de Veniſe vers l'Empereur.

1536.

Officiers de la maison du Pape.

Mules des Cardinaux en Pontifical.

Ambassade des Sienois.

Le Pape sçauant & bon Orateur.

nise, quatre bős vieillards tous grisons, qui sont pardeuers l'Empereur à Naples. Le Pape a enuoyé toute sa famille au deuant d'eux: Cubiculaires, Chambriers, Ianissaires, Lanskeners, & les Cardinaux ont enuoyé leurs Mules en Pontifical.

Au septiesme de ce mois furent pareillement receus, les Ambassadeurs de Senes bien en ordre, & apres auoir fait leur Harangue, en Consistoire ouuert, & que le Pape leur eust respondu en beau Latin, & briefuemēt sont departis pour aller à Naples. *Ie crois bien que de toutes les Itales irōt Ambas-*

sadeurs pardeuers ledit Empereur, & sçait bien joüer son rolle, pour en tirer denarés, comme il a esté découuert depuis dix iours en çà. Mais ie ne suis encore bien à point aduerty de la finesse qu'on dit qu'il a vsé à Naples. Par cy-apres ie vous en escriray.

Ruse de l'Empereur pour tirer de l'argent du Pape.

Le Prince de *Piemont*, fils aisné du Duc de Sauoye est mort à Naples depuis quinze iours en çà, l'Empereur luy a fait faire Exeques fort honorables, & y a personnellement assisté,

Mort du Prince de Piemont.

Le Roy de *Portugal* depuis six iours en çà, a mandé à son

Depart de l'Ambassadeur du Roy de Portugal.

1536. Ambaſſadeur qu'il auoit en Rome, que ſubitement ſes lettres receuës il ſe retiraſt par deuers luy en Portugal, ce qu'il fiſt ſur l'heure, & tout botté & eſperonné vint dire Adieu à Monſieur le Reuerendiſſime Cardinal du Bellay. Deux iours apres a eſté tué en plein iour prés le pont ſainct Ange vn Gentil-homme Portugalois qui ſollicitoit en ceſte ville pour la Communité des Iuifs, qui furent baptiſez ſous le Roy *Emmanuel*, & depuis eſtoient moleſtez par le Roy de Portugal moderne, pour ſucceder à leurs biens, quand ils mouroient, & quel-

Iuifs maltraitez par le Roy Emanuel.

Le Roy ſuccede en leurs biens à leur mort.

de Rabelais.

ques autres exactions qu'il faisoit sur eux: Outre l'Edit & Ordonnance dudit feu Roy *Emmanuel. Ie me doute que en Portugal y ait quelque sedition.*

EPISTRE IX.

MONSEIGNEUR,

Par le dernier pacquet que vous auois enuoyé, ie vous auertissois comment, Quelque partie de l'armée du Turc, auoit esté deffaite par le Sophy aupres de *Betelis*. Ledit

Bataille de Betelis entre le Turc & le Sophi.

1536.

1536.

Reuanche du Turc.

Mesopotamie.

Taurus.

Fleuue Tanais.

Barberousse chef de l'armée du Turc.

Bona & Alger.

Turc n'a gueres tardé d'auoir sa reuanche. Car deux mois apres il a couru sus ledit Sophy, en la plus extréme furie qu'on veit oncques: Et apres auoir mis à feu & à sang vn grand païs de Mesopotamie, a rechassé ledit Sophy pardelà la môtagne de Taurus. Maintenant fait faire force galeres, sur le fleuue de Tanais, par lequel pourront descendre en Constantinople. *Barberousse* n'est encore party dudit Constantinople pour tenir le païs en seureté, & a laissé quelques garnisons à Bona & Algiery, si d'auenture l'Empereur le vouloit assaillir. Ie vous enuoye son portraict, tiré sur le vif, & aussi l'assiette de Tunis, & des villes maritimes d'enuiron.

Les Lansκenets que l'Empereur mandoit en la Duché de Milan pour tenir les places fortes, sont tous noyez & peris par mer, iusques au nōbre de quinze cens, en vne des plus grandes & belles nauires des Geneuois; & ce fut prés d'vn port des Lucquois, nommé Lerzé. L'occasion fut, par ce qu'ils s'ennuyoient sur la mer, & voulans prendre terre, & ne pouuans à cause des tempestes, & difficulté du temps, penserent que le pilote de la

1536.

Lerzé port des Lucquois.

Douze cens Lansκenets perissent en mer, faute d'auoir tué leur Pilote.

Les Epistres

1536. Naue les vouluſt touſiours dilayer ſans aborder. Pour ceſte cauſe, le tuërent, & quelques autres des principaux de ladite nef, leſquels occis, la nef demeura ſans Gouuerneur, & en lieu de caller la voile, les Lanskenets la hauſſoient, comme gens non pratics en la marine, & en tel deſarroy, perirent à vn jet de pierre pres ledit port.

MONSEIGNEVR, l'ay entendu que Monſieur de l'*Auaur* qui eſtoit Ambaſſadeur pour le Roy à Veniſe, a eu ſon congé, & s'en retourne en France. En ſon lieu va Monſieur de *Rhodez*, & jà

L'Euesque de l'Auaur.

L'Euesque de Rodez.

tient à Lyon son train prest, 1536. quand le Roy luy aura baillé ses aduertissemens.

Monsieur, Tant comme ie puis, humblement à vostre bonne grace me recommande, priant nostre Seigneur, vous donner en santé bonne vie & longue. A Rome ce xxviij de l'anuier 1536.

Vostre tres-humble Seruiteur,
FRANCOIS RABELAIS.

EPISTRE X.

Monseigneur,

Ie vous escriuis du vingt & huictiesme du mois de Ianuier dernier passé, bien amplement de tout ce que ie sçauois de nouueau, par vn Gentil-homme seruiteur de Monsieur de Montreüil, nommé Tremeliere, lequel retournoit de Naples, ou auoit achepté quelques Coursiers du Royaume, pour sondit Maistre, & s'en retournoit à Lyon

Coursiers de Naples.

vers luy en diligence. Ledit 1536. iour, ie receus le pacquet que vous a pleu m'enuoyer de Le-gugé, datté du dixiefme dudit mois. En quoy pouuez cognoiftre l'ordre que i'ay donné à Lyon, touchant le bail de vos lettres, comment elles me font icy renduës feurement, & foudain. Vofdites lettres & pacquet, furent baillées à l'Efcu de Bafle, au vingt & vniefme dudit mois; le xxviij. me ont efté icy renduës. Et pour entretenir à Lyon, (car c'eft le poinct & lieu principal,) la diligence que fait le Libraire dudit Efcu de Bafle en ceft affaire: ie

Legugé en bas Poitou.

1536. ie vous reïtere, ce que ie vous escriuois, par mon susdit pacquet, si d'auenture suruenoient cas d'importance pour cy-apres: C'est que ie suis d'auis que à la prime fois que m'escrirez, vous luy escriuiez quelque mot de lettre & dedans icelle, mettez quelque escu Sol, ou quelque autre piece de viel Or, comme Royau, Angelot ou Saluz, pour & en consideration de la peine & diligence qu'il y prend, ce peu de chose luy accroistra l'affection de mieux en mieux vous seruir.

<small>Royau. Angelot. Saluz.</small>

Pour respondre à vos lettres de poinct en poinct. I'ay fait

diligemment chercher ez Registres du Palais depuis le temps que me mandiez, sçauoir est l'an 1529. 1530. & 1531. pour entendre si on trouuerroit l'acte de la resignation que fit frere Dom Philippes à son neveu : Et ay baillé aux Clercs du Regiftre deux Escus sols, qui est bien peu attendu le grand & fafcheux labeur qu'il y ont mis. En fomme ils n'en ont rien trouué, & n'ay oncques sceu entendre nouuelles de ses procurations. Pourquoy me doubte qu'il y a de la fourbe en son cas. Ou les memoires que m'escriuiez n'estoient suffifans à les trou-

1536.

Regiftre du Palais de Rome.

uer. Et faudra pour plus en estre acertainé que me mandiez, *Cuius Dioecesis* estoit ledit frere Dom Philippes, & si rien auez entendu, pour plus éclaircir le cas & la matiere, comme si c'estoit *purè & simpliciter*, ou *causâ permutationis*.

EPISTRE XI.

MONSEIGNEVR,

Touchant l'article auquel vous escriuois la responce de Monsieur le Cardinal du Bel-

Iay, laquelle il me fist lors que ie luy presentay vos lettres, il n'est besoin que vous en faschiez. Monsieur de Mascon vous en a escrit ce que en est. Et ne sommes pas prests d'auoir Legat en France. Bien vray est-il que le Roy a presenté au Pape le Cardinal *de Lorraine*. Mais ie crois que le Cardinal du Bellay taschera par tous moyens de l'auoir pour soy. Le prouerbe est vieux qui dit :

Nemo sibi secundus.

Et vois certaines menées qu'on y fait, par lesquelles, ledit Cardinal du Bellay pour soy emploira le Pape, & le fera trou-

Le Cardinal du Bellay sollicite la Legation de France contre le Cardinal de Lorraine.

Le Cardinal du Bellay agreable au Roy François I.

uer bon au Roy. Pourtant ne vous faschez si sa responce a esté quelque peu ambiguë en vostre endroit.

EPISTRE XII.

Monseigneur,

Choix des graines de Naples, pour enuoyer en Poictou.

Touchant les graines que vous ay enuoyées, ie vous puis bien asseurer que ce sont des meilleures de Naples, & desquelles le S. Pere fait semer en son jardin secret de Belueder.

Jardin secret de Belueder, du Pape.

D'autres sortes de salades ne ont ils par deçà fors de *Nasidord*

sidord & d'Arrousse; mais celles de Legugé me semblent bien auſſi bonnes, & quelque peu plus douces & amiables à l'eſtomach, meſmément de voſtre perſonne, car celles de Naples me ſemblent trop ardentes & trop dures.

1536.
Legumes de Legugé.

Au regard de la ſaiſon & ſemailles, il faudra aduertir vos jardiniers, qu'ils ne les ſement du tout ſi toſt comme on fait de pardeçà, car le climat ne y eſt pas tant auancé en chaleur comme icy. Ils ne pourront faillir de ſemer vos ſalades deux fois l'an, ſçauoir eſt en Careſme, & en Nouembre, & les cardes ils pourront ſemer

Temps pour ſemer les graines d'Italie, en Poitou.

Salades.

D

1536.

Melons & citroüilles.

en Aoust & Septembre : les melons, citroüilles & autres en Mars, & les armer certains iours de joncs, & fumier leger, & non du tout pourry, quand ils se doubteroient de gelée. On vend bien icy encores d'autres graines, comme des oeillets d'*Alexandrie*, des *Violes matronales*, d'vne herbe dont ils tiennent en Esté leurs chambres fraisches qu'ils appellent *Beluedere*, & autres de Medecine. Mais ce seroit plus pour Madame d'Estissac. S'il vous plaist de tout, ie vous en enuoiray, & ny feray faute.

Graines du Leuant.

Oeillets d'Alexandrie.

Violes Matronales.

Belluedere herbe Medicinale.

M. d'Estissac.

de Rabelais.

Mais ie suis contraint de recourir encores à vos aumosnes : Car les trente escus qu'il vous plût me faire icy liurer, sont quasi venus à leur fin, *Et si n'en ay rien d'espendu en meschanceté*, ny pour ma bouche, Car ie bois & māge chez Monsieur le Cardinal du Bellay, où Monsieur de Mascon. Mais en ces petites barboüilleries de depesches & loüage de meubles de chambre, & entretenement de habillemens s'en va beaucoup d'argent, encore que ie m'y gouuerne tant chichement qu'il m'est possible. Si vostre plaisir est de me enuoyer quelque lettre de

1536.

Rabelais se recommande aux aumosnes de l'Euesque de Maillezais estant à Rome.

Est domestique du Cardinal du Bellay & de l'Euesque de Mascon.

1536.

Petites gentillesses du Levant qui se trouuent à Rome.

Change, j'espere n'en vser que à vostre seruice, & n'en estre ingrat au reste. Ie vois en ceste ville, mille petites Mirolifiques à bon marché qu'on apporte de Chypre, de Candie, & Constātinople. Si bon vous semble ie vous en enuoiray ce que mieux ~~que~~ verray duisible, tant à vous que à madite Dame d'Estissac. Le port d'icy à Lyon n'en coustera rien.

Expedition des affaires de Rabelais en Cour de Rome.

Obtient ses Bulles du gté du Pape.

I'ay Dieu mercy expediê tout mon affaire, & ne m'a cousté que l'expedition des Bulles, le sainct Pere m'a donné de son propre gré la composition. Et crois que trou-

uerrez le moyen assez bon, &
n'ay rien par icelles impetré,
qui ne soit ciuil & juridique.
Mais il y a fallu bien vser de
bon conseil pour la formalité.
Et vous oze bien dire que ie
n'y ay quasi en rien employé
Monsieur le Cardinal du Bellay, ny Monsieur l'Ambassadeur, combien que de leurs
graces se y fussent offerts à y
employer non seulemēt leurs
paroles & faueur, mais entierement le nom du Roy.

Le Cardinal du Bellay s'offre de s'y employer au nom du Roy François I.

EPISTRE XIII.

MONSEIGNEVR,

Monsieur de Saintes.

Ie n'ay encores baillé vos premieres lettres à Monsieur de *Saintes*, Car il n'est encores retourné de Naples où il estoit allé comme ie vous ay escrit. Il doit estre icy dedans trois iours: lors ie luy bailleray vos secondes, & solliciteray pour la responce. I'entends que ny luy ny les Cardinaux

Saluiaty, Rodolphe, Strozzi & ses offres à l'Empereur.

Saluiaty & *Rodolphe*, ny Philippes *Strozzy* auec ses escus,

n'ont rien fait enuers l'Empe- 1536.
reur de leur entreprise, combien qu'ils luy ayent voulu
liurer, au nom de tous les forestiers & bannis de Florence La Rocqua
vn million d'or du content, de Florence.
paracheuer *la Rocqua*, com-
mencée en Florence, & l'entretenir à perpetuité aux garnisons competentes au nom
dudit Empereur, & par chacun an luy payer cent mil ducats, pourueu & en condition
qu'il les remist en leurs biens
terres & liberté premiere.

Au contraire, a esté de luy
receu tres-honnorablement & Arriuée du
à sa prime venuë, l'Empereur Duc de Flo-
sortit au deuant de luy, & *post* rence à Naples.

D. iiij

manus oscula, le fit conduire au chasteau Capoüan en ladite ville, auquel est logée sa Bastarde & fiancée audit Duc de *Florence*, par le Prince de *Salerne* Viceroy de Naples, Marquis de *Vast*, Duc d'*Albe*, & autres principaux de sa Court, & la parlementa tant qu'il fut auec elle, la baisa & souppa auec elle. Depuis les susdits Cardinaux Euesque de Xaintes & Strozzy n'ont cessé de solliciter. L'Empereur les a remis pour resolution finale à sa venuë en ceste ville en la Rocqua, qui est vne place forte à merueilles que ledit Duc de Florence a basty en

[marginalia:]
1536.
Entreueuë de luy & sa femme.

Prince de Salerne. Viceroy de Naples. Marquis du Vast. Duc d'Albe.

L'Euesque de Sāintes sollicite l'affaire de Strozzi vers l'Empereur.

La Rocha place forte bastie par le Duc de Florence.

Florence. Au deuant du portail il a fait peindre vne Aigle qui à les aisles aussi grandes, *que les Moulins à vent de Mirebalais*, comme protestant & donnant entendre, qu'il ne tient que de l'Empereur. Et à tant finement procedé en sa Tyrannie, que les Florentins ont attesté *nomine communitatis* pardeuāt l'Empereur, qu'ils ne veulent autre Seigneur que luy. Vray est-il qu'il à bien chastié les Forestiers & Bannis. Pasquil a fait depuis nagueres vn Chansonet auquel il dit.

Moulins à vent de Mirebalais en Poitou.

Protestatiō des Florentins contre leur Duc.

Chanson de Pasquil à Rome.

Les Epistres

A STROZZY.

Pugna pro patria.

A ALEXANDRE, Duc de FLORENCE.

Datum Serua.

A L'EMPEREVR.

Quæ nocitura tenes quamuis sint chara relinque.

AV ROY.

Quod potes id tenta.

Aux deux Cardinaux.

SALVIATI & RODOLPHE.

Hos breuitas sensus fecit coniungere binos.

EPISTRE XIV.

Monseigneur,

Au regard du Duc de Ferrare ie vous ay escrit, comment il estoit retourné de Naples, & retiré à Ferrare. Madame *Renée* est accouchée d'vne fille, elle auoit ja vne autre belle fille âgée de six à sept ans, & vn petit fils âgé de trois ans. Il n'a pû accorder auec le Pape, parce qu'il y demandoit excessiue somme d'argent pour l'inuestiture

Renée Duchesse de Ferrare.

Naissance des Princesses de Ferrare.

Different du Duc de Ferrare auec le Pape pour l'inuestiture.

1536. de ses terres. Nonobstant qu'il auoit rabatu cinquante mil escus, pour l'amour de ladite Dame, & ce par la poursuite de Messieurs les Cardinaux du Bellay & de Mascon, pour tousiours accroistre l'affection conjugal dudit Duc de Ferrare enuers elle. Et ce estoit la cause pourquoy Lyon Iamet estoit venu en ceste ville, Et ne restoit plus que quinze mil escus. Mais ils ne purent accorder par ce que le Pape vouloit qu'il recognust entierement tenir & posseder, toutes ses Terres en Feode du Siege Apostolique. Ce que l'autre ne voulut. Et n'en vouloit re-

Cardinaux du Bellay & de Mascon.

Lyon Iamet.

Terres du Duc de Ferr en fief du S. Siege.

cognoistre, sinon celles que son feu pere auoit recognu, & ce que l'Empereur en auoit adjugé à Boloigne par arrest du temps du feu Pape Clement.

1536.

Iugement donné à Boulogne par l'Empereur.
Arrest du Pape Clement.

Ainsi departit *re infecta*. Et s'en alla vers l'Empereur, lequel luy promist qu'à sa venuë il feroit bien consentir le Pape, & venir au point contenu en sondit Arrest, & qu'il se retirast en sa maison, luy laissant Ambassade pour solliciter l'affaire quand il seroit de pardeçà, & qu'il ne payast la somme ja conuenuë, sans qu'il fust de luy entierement averty. La finesse est en ce que

Depart du Duc de Ferrare de la Cour de l'Emp.

Finesse de l'Empereur

1536.
pour auoir de l'argent du Pape.

l'Empereur à faute d'argent, & en cherche de tous costez, & taille tout le monde qu'il peut, & en emprunte de tous endroicts. Luy estant icy arriué en demandera au Pape; c'est chose bien éuidente. Car il luy remonstrera, *Qu'il a fait*

Raisōs qu'il allegue au Pape.

toutes ces guerres contre le Turc & Barberousse, pour mettre en seureté l'Italie &

La guerre contre le Turc.

le Pape, & que force est qu'il y contribuë. Ledit Pape respondra qu'il n'a point d'argent? Et luy fera preuue manifeste de sa pauureté. Lors l'Empereur sans qu'il débourse rien, *Luy demandera celuy du Duc de Ferrare, lequel ne* tient qu'à vn Fiat. Et voylà comment les choses se jouent par mysteres. Toutesfois ce n'est chose asseurée.

EPISTRE XV.

Monseignevr,

Vous demandez si le Seigneur *Pierre-Louys* est legitime fils ou bastard du Pape? Sçachez que le Pape iamais ne fust marié. C'est à dire que le susdit est veritablement Bastard. Et auoit le Pape vne sœur belle à merueille, on

<small>Pierre Louis fils bastard du Pape.</small>

<small>Sœur du Pape & sa beauté.</small>

1536. monstre encore de present au Palais en ce corps de maison, auquel sont les Sommistes, lequel fit faire le Pape *Alexandre*, vne Image de Nostre Dame, laquelle on dit auoir esté faite à son portraict & ressemblance. Elle fut mariée à vn Gentil-homme, cousin du Seigneur *Rance*, lequel estant en la guerre pour l'Expedition de Naples, ledit Pape Alexandre ✱ ✱ ✱ ✱, & ledit Seigneur Rance du cas acertainé, en aduertit sondit cousin: *Luy Remonstrant, qu'il ne deuoit permettre telle injure estre faite en leur famille par vn Espagnol Pape. Et en cas qu'il l'endurast*

Maison des Sommistes à Rome.

Mariage de la sœur du Pape au cousin du sieur Rance.

Elle est tuée par son mary.

duraſt que luy-meſme ne l'endureroit point. Somme toute il la tua. Auquel forfait le Pape fiſt ſes doleances : Lequel pour appaiſer ſõ grief & deüil, le fiſt Cardinal eſtant encores bien jeune, & luy fiſt quelques autres biens.

Auquel temps entretint le Pape, vne Dame Romaine de la Caſe Ruffine, de laquelle il eut vne fille qui fut mariée, au Seigneur *Bauge*, Comte de *Sancta Fioré*, qui eſt mort en cette ville depuis que ie y ſuis, De laquelle il a ſeu l'vn des deux petits Cardinaux (qu'on appelle le Cardinal de Saincte Flour.) Item, eut vn fils qui

1536.

Le Comte de Saincte Fleur.

✝

Cardinaux de S. Fleur.

E

1536.

Pierre Louis Farnese, marié à la fille du Comte de Ceruelle.

Le Cardinalicule Farnese.

Cardinal de Medicis Vice-Chancelier.

Querelle entre le sieur de Rance & Pierre Louis.

est ledit *Pierre Louys* que demandiez, qui a espousé la fille du Comte de *Ceruelle*, dont il a tout plein foyer d'enfans, & entre autres le petit Cardinalicule *Farnese*, qui a esté fait Vice-Chancelier par la mort du feu Cardinal de Medicis. Par ces propos susdits pouuez entendre la cause, pourquoy le Pape n'aymoit gueres le Seigneur Rance, & *Vice versa*, Ledit Rance ne se fioit en luy : Pourquoy aussi est grosse querelle, entre le Seigneur *Iean-Paule de Cere*, fils dudit Seigneur Rance, & le susdit Pierre-Louis, car il veut vanger la mort de sa tante.

Mais quand à la part dudit Seigneur Rance il en est quitte, car il mourut le vnziesme iour de ce mois, estant allé à la chasse, en laquelle il s'esbatoit volontiers tout vieillard qu'il estoit. L'occasion fust, qu'il auoit recouuert quelques Cheuaux Turcs, des Foires de Raçana, desquels en mena vn à la chasse, qui auoit la bouche tendre, de sorte qu'il se renuersa sur luy, & de l'arçon de la selle l'estouffa, en maniere que depuis le cas, ne vesquit point plus de demie heure. *Ce a esté vne grande perte pour les François, & y a le Roy perdu vn bon Seruiteur*

Mort du Seigneur Rance estât à la chasse.

Cheuaux Turcs de Raçana.

Perte du Seigneur Rance pour le Roy François I. en Italie.

1536.

pour l'Italie: Bien dit-on, que le Seigneur Iean-Paule son fils, ne le sera pas moins à l'a-uenir. Mais de long-temps, ne aura telles experiences en fait d'armes, ny telle reputation entre les Capitaines & Sol-dars, comme auoit le feu bon homme. Ie voudrois de bon cœur que Monsieur d'Estissac, de ses despoüilles eust la Com-té de Pótoise: Car on dit qu'el-le est de beau reuenu.

Pour assister és Exeques, & consoler la Marquise sa fem-me, Monsieur le Cardinal a enuoyé iusques à Ceres, qui est distant de ceste ville prez vingt milles. Mōsieur de Ram-

[marginal notes:]
Iean Paule son fils, de-puis Mareschal de Frā-ce.

Loüange du Seigneur Rance pour la guerre.

Monsieur d'Estissac.

Comté de Pontoise de bon reuenu.

La Marqui-se de Rance.

Monsieur de Ramboüil-let.

bouillet & l'Abbé de Sainct 1536.
Nicaise, qui estoit proche parent du deffunt, (ie crois que l'ayez veu en Court,) c'est vn petit homme tout esveillé, qu'on appelloit l'Archidiacre des Vrsins, & quelques autres de ses Prothenotaires. Aussi a fait Monsieur de Mascon.

L'Abbé de S. Nicaise, Archidiacre des Vrsins.

EPISTRE XVI.

Monsieur,

Ie me remets à l'autre fois que vous escriray, pour vous aduertir des nouuelles de

1536.

l'Empereur plus au long, Car son entreprise n'est encore bien descouuerte. Il est encores à Naples, on l'attend icy pour la fin de ce mois. Et fait on gros appreſt pour sa venuë, & force Arcs Triomphaux. Les quatre Mareschaux de ses logis sont jà pieça en cette ville. Deux Espagnols, vn Bourguignon & vn Flamand.

C'est pitié de voir les ruines des Eglises, Palais & Maisons que le Pape a fait démolir & abbattre, pour luy dresser & complaner le chemin. Et pour les frais du reste, a taxé pour leur argent sur le College de Messieurs les Cardinaux des

Preparatifs à Rome pour receuoir l'Empereur.

Arcs Triomphaux.

Mareschaux des Logis.

Ruine des Eglises pour l'entrée de l'Empereur.

Frais de cette entrée taxez sur le College des Cardinaux.

officiers Courtisans, les arti- *Aquarols de Rome.*
sans de la ville iusques aux
Aquarols. Ia toute ceste ville
est pleine de gens estrangers.

Le cinquiesme de ce mois
arriua icy par le mandement
de l'Empereur le Cardinal de *Arriuée du Cardinal de Trente à Rome.*
Trente (*Tridentinus*) en Al-
lemagne en gros train. Et plus
Somptueux que n'est celuy *Son équipage Magnifique.*
du Pape. En sa compagnie
estoient plus de cent Alle- *Sa compagnie des gardes Alemands.*
mans vestus d'vne parure, sça- *Ses liurées.*
uoir est de robes rouges auec
vne bande jaune, & auoient
en la manche droite en bro- *Sa deuise.*
derie, figuré vne gerbe de
bled, liée, à l'entour de laquelle estoit escrit VNITAS.

E iiij

1536.

Envoyé pour moyéner la paix & vn Concile General.
Sa Harangue au Cardinal du Bellay tres-libre contre le Pape & les Cardinaux.

I'entends qu'il cherche fort la paix & appointement pour toute la Chrestienté & le Concile en tout cas. I'estois present quand il dit à Monsieur le Cardinal du Bellay. Le Sainct Pere, les Cardinaux, Euesques & Prelats de l'Église reculent au Concile, & n'en voulent oüir parler, quoy que ils en soient semons du bras seculier, mais ie vois le temps pres & prochain, que les Prelats d'Eglise seront contraints le demander, & les seculiers ny voudront entendre. Ce sera quand ils auront tollu de l'Eglise tout le bien & patrimoine, lequel ils auoient

*donné du temps, que par fre-
quens Conciles les Ecclesiasti-
ques entretenoient paix & *
union entre les seculiers.

André Doria arriua en ceste ville le troisiesme de cedit mois, assez mal en point. Il ne luy fut fait honneur quiconques à son arriuée, sinon que le Seigneur *Pierre-Louys* le conduit iusques au Palais du Cardinal Camerlin, qui est Genefvois de la famille & Maison de *Spinola*. Au lendemain il salüa le Pape, & partit le iour suiuant, & s'en alloit à Gennes de par l'Empereur, pour sentir du vent qui court en France touchant la

1536.

André Doria.

Cardinal Spinola Camerlin.

Doria & son Audience du Pape.

1536.
Mort de la Reyne d'Angleterre.

guerre. On a eu icy certain aduertissement de la mort de la vieille Reyne d'*Angleterre*, & dit-on d'auantage que sa fille est fort malade.

Bulle contre le Roy d'Angleterre.

Quoy que ce soit la Bulle qu'on forgeoit contre le Roy d'Angleterre pour l'excommunier, interdire & prescrire son Royaume, comme ie vous escriuois n'a esté passée par le Consistoire, à cause des articles *De commeatibus externorum, & commercijs mutuis*, aus-

Le Cardinal du Bellay s'oppose au nom du Roy qu'elle ne se passast.

quels se sont opposez Monsieur le Cardinal du Bellay & Monsieur de Mascon de la part du Roy, pour les interests qu'il y pretendoit. On l'a remise à la venuë de l'Empereur.

Monsieur, tres-humblement à vostre bonne grace me recommande, priant nostre Seigneur vous donner en santé bonne vie & longue. A Rome ce quinziesme de Fevrier M. D. XXXVI.

Vostre tres-humble Seruiteur,
FRANCOIS RABELAIS.

F I N.

TABLE
DES MATIERES
CONTENVES EN CES
Epiſtres de Rabelais.

A

LEXANDRE de Medicis Duc de Toſcane, ſon differend auec Strozzy, 9. veut confiſquer ſes grands biens, ou l'empoiſonner, *ibid.* l'on informe contre ſa tyrannie, 10. ſon arriuée à Rome auec eſcorte, *ibid.* l'Ambaſſadeur de l'Empereur vient au deuant de luy, *ibid.* à audience du Pape, & retourne, 11. creé Duc de Florence par Charles V. Empereur, 29 commande aux Florentins le recognoiſtre, 30. plainte de ſes ſujets contre luy, *ibid.* eſt receu à Naples auec grand honneur, & viſite ſa fiancée,

TABLE.

fille de l'Empereur, 56. baſtit la Rocal de Florence, *ibid.* proteſtation des Florentins contre ſa Tyrannie. 57
Alexandre VI. Pape, 64
Albanie & ſon Duc, iſſu de la Maiſon de Stuard, 13
André Dorie enuoyé par l'Empereur Charles V. auitailler la Goulette, 20. part de Naples auec vingt-neuf galeres pour attaquer le Iudeo & Cacciadiauolo Corſaires, 21. vient à Rome, & à audience du Pape, 73 enuoyé à Genes, *ibid.*
Aquarols de Rome taxez pour l'entrée de l'Empereur, 71
Arabes font guerre à ceux de la Goulette. 21
Archidiacre des Vrſins, Abbé de S. Nicaiſe de Reims, proche parent du Baron de Cere, 69

B

Bande du Seigneur Rance deffaite par le Duc de Sauoye. 19
Baſillac, Conſeiller à Touloufe. 16

TABLE.

Bataille de Pauie, Monsieur d'Albanie en est cause, 13. Bataille de Betelis, 37. de Vireton, 20

Banquiers de peu de foy, 27

Barberousse, se retire à Constantinople, 13. asseure le pays & munit Alger.

Bona, & les autres places d'Afrique, 38

Basteleurs, qui font le fait & le desfait, 30

Baugé, Comte de S. Fleur, sa mort & ses enfans, 65

Bulle côtre le Roy d'Angleterre pour interdire son Royaume, 74

Belvedere, herbe medecinale, 50

Belveder, jardin secret du Pape, 49

C

Acciadiauolo Corsaire, 21
Cardinaux. Iean. Cardinal du Bellay, 5. protege Rabelais de son credit, *ibid*. Brigue la Legation en France contre le Cardinal de Lorraine, 47. Harangue du Cardinal de Trente, 72. S'oppose pour le Roy

TABLE.

Fraçois I. à l'interdit du Roy d'Angleterre, 74

Cardinal Cesarin, Legat du Pape Paul III. 8. 31

Cardinal Cybo, Gouuerneur de Florence, 10

Cardinal Farnese, Vice-Chācelier, 66

Cardinal de Saincte Fleur, 65

Cardinal de Genutiis, Iuge du Palais, 4

Cardinal de Lorraine, 47

Cardinal, Euesque de Mascon, s'oppose à l'interdiction du Royaume d'Angleterre, 74

Cardinal de Medicis, Vice-Chancelier, 66

Cardinal Rodolphe, Ambassadeur du Pape vers Charles V. 8

Cardinal Saluiaty, Ambassadeur & Legat du Pape, 8. retourne de Naples sans auoir expedition de l'Empereur pour Strozzy, 54

Cardinal de Senes, Legat du Pape vers l'Empereur, 8

Cardinal Simonetta, Auditeur de la Chambre, sçauant, 4

Cardinal Spinola Camerlin, 73

Cardinal

TABLE.

Cardinal de Trente, Ambassadeur de l'Empereur à Rome, son train plus superbe que celuy du Pape, ses liurées, 71. sa Deuise, *ibid.* desire la paix & vn Concile. Sa harangue libre contre le Pape au Cardinal du Bellay, 72

Ceres, Marquisat esloigné de vingt mille de Rome, 68

Chambriers de la Maison du Pape, 34.

Charles V. Empereur à Naples, 6. escrit au Pape, *ibid.* luy enuoye son Ambassadeur, *ibid.* le Pape luy cede son Palais, *ibid.* apprests pour son arriuée à Rome, *ibid.* Disette du Pape, 6. Assemblée des Romains pour sa reception, 7. Propositions de l'Empereur au Pape qui luy enuoye deux Legats pour le differend du Duc de Toscane, & Philippes Strozzy, *ibid.* Arriuée de l'Empereur à Messine, 23. reçoit les Cardinaux Legats à Naples, 29. Sa responſe, *ibid.* Alexandre creé Duc de Toscane, 29. Voyage de l'Empereur en Italie, 30. remet sa venuë à Rome, 31. Le Pape fait de grands

F

TABLE.

apprests pour son arriuée, 32. Ruine des Eglises & Maisons, 33. L'Empereur visité par Ambassadeurs de toute l'Italie, 34. Ses ruses pour tirer de l'argent du Pape 35. receptiō à Naples du Duc de Florence par l'Empereur, 56. luy rend grand honneur. *ibid.* donne Iugement sur l'inuestiture de Ferrare, 61. la guerre du Turc, moyen pour auoir de l'argent du Pape, 62. Second apprest pour la reception de Charles V. 70. les frais taxez sur le sacré College, 70. enuoye le Cardinal de Trente, 71
Chasteau Capoüan à Naples, 57
Chifres dont vsoit Rabelais en ses lettres. 16
Cheuaux Turcs de Racana, 67
Clement VII. Pape, 29
Conseruateurs de Rome, 7
Commandeur de Forton, 21
Coni, ville de Perse, dont le Turc & le Persan sont en differend, 12
Coursiers de Naples, 42
M. de Crissé, 19
Cubiculaires du Pape, 34

TABLE.

D

DEcimes pour la guerre du Turc, 14
Duc d'Albe, Seigneur Espagnol. 56
Duc de Ferrare va trouuer l'Empereur à Naples pour son inuestiture, 17 retourne mescontant, *ibid.* déploye ses escus à l'Empereur, 18. Refuse le party du Roy Fraçois I. & d'estre de la Ligue de Charles V. *ibid.* A differend auec le Pape pour ses terres tenuës en fief du S. Siege, Iugement de l'Empereur & du Pape Clement, 59. se retire mescontent de la Cour pour cet arrest, 61
Duchesse de Florence bastarde de l'Empereur visitée par le Duc Alexandre son mary, 56

E

Madame d'Estissac, 3
Monsieur d'Estissac Euesque de Maillezais escrit à celuy de Saintes, 23. au Cardinal du Bellay, 47

F ij

TABLE.

Euefque de Limoges Ambaſſadeur à
   Ferrare, 18
Euefque de l'Auaur Ambaſſadeur à
   Veniſe du Roy François I. 40
l'Euefque de Rodez Cardinal d'Ar-
   magnac, 40
Euefque de Saintes Ambaſſadeur vers
   Charles V. à Naples. 28

F

Ferrare, ville d'Italie, 3
Comteſſe de ſaincte Flour, fille
   du Pape, 65
Fort de la Goulette pres Tunis, 21
Fourques d'Auſbourg, riches Mar-
   chands d'Allemagne, 9

G

Geneve, le ſecours qu'on y enuoyoit deffait par le Duc de Sauoye, 19
Gentilleſſes du Leuant à Rome. 52
S. Georges, Palais à Rome, 11
Graines exquiſes du Royaume de Naples enuoyées à l'Euefque de Mail-

TABLE.

lezais par Rabelais, 2. temps pour
les femer en Poictou, 49
Graines du Leuant à Rome, 50

I

Aniffaires de la maifon du Pape, 34
Iacques Cœur & fes richeffes, 21
Iean Paul de Cere, fils du Seigneur
Rance, Marefchal de France, 64. 68
Inimitié de fon pere contre Pierre-
Louis Farnefe, 66
Iudeo, Corfaire de mer, 21

L

Anfkenets periffent en mer faute
de Pilote, 40
Legugé en Poictou, 49
Lerzé, port des Luquois, 39
L'Ermenaud, chafteau Epifcopal des
Euefques de Maillezais, 3
Ligue de l'Empereur en Italie, 13
Lyon & fon Gouuerneur, 26

TABLE.

M

Maillezais, Euesque de ce lieu, de la maison d'Estissac, l'vn des Mecenes de Rabelais qui luy escrit plusieurs lettres. 1
Marquis du Vast, 56
Messine, ville de Sicile, 23
Mesopotamie, grand pays, 38
Monoye d'or, Royau, Angelot, Salus, 44
Moulins à vent de Mirebalais, 57
Mules des Cardinaux en Pontifical enuoyées au deuant des Ambassadeurs de Venise, 34
Mort du Prince de Piedmont 35. du grand Maistre de Rodes, du Duc de Milan, 21. de la Reyne d'Angleterre, 74

N

Naples, ville d'Italie, 23
Nasidor & Arrouses, herbes du Royaume de Naples, 48

ABLE.

O

Œillets d'Alexandrie, 50
Officiers de la Cour de Rome, 5

Pape Paul III. 4. enuoye Legats à l'Empereur pour retarder sa venuë, 31. fait ruiner les Eglises, 33 tient Chapelle au Vatican, & festine les Cardinaux, *ibid.* enuoye les officiers de sa maison au deuāt des Ambassadeurs de Venise, 34. reçoit ceux de Sienne au Consistoire, *ibid.* Harangue en beau Latin, 34. l'Empereur le presse pour auoir de l'argent, 35. son differend auec le Duc de Ferrare pour l'inuestiture du Duché, 59. rabat cinquante mil escus à la priere du Cardinal du Bellay, 60
Pasquil & ses jolies chansons à Rome sur Strozzy, le Duc de Florence, l'Empereur, le Roy de France, & les Cardinaux Saluiati & Rodolphe, 57

F iiii

# TABLE.

Parmentier, Libraire à Lyon, 25
Petites noises tirent apres soy grandes batailles, 20
Pierre Louis Farnese, bastard du Pape 66. espouse la fille du C. de Ceruelle, *ibid.* ses enfans, sa tante belle à merueilles, 63. son mariage au cousin du Seigneur Rance, 64. il la tuë pour adultere, 65. creé Cardinal par le Pape, *ibid.*
Prince de Salerne, Vice-Roy de Naples, 56
Philippes Strozzi a differend auec le Duc de Toscane, 8. veut confisquer ses grands biens, 9. estimé le plus riche marchand de la Chrestienté, *ibid.* obtint du Pape de pouuoir porter armes, & auoir vne compagnie de trente soldats, *ibid.* se retire vers l'Empereur, *ibid.* luy offre quatre cent mil ducats pour permettre d'informer de sa Tyrannie, 10. accompagne les Legats vers l'Empereur, 30. secondes offres à l'Empereur, pour estre remis en ses biens, d'vn million d'or, de paracheuer la Rocha de Florence, & de cent mil

TABLE.

ducats par an, 55
Pontoise, Comté & ville de Frāce, 68
Dom Philippes, Religieux de l'Abbaye de Maillezais, 2
Porte de S. Pierre à Rome, 10
Portugal, Ambassadeur à Rome du Roy Emmanuel, 36. il mal-traite les Iuifs, & veut succeder à leurs biens apres leur mort, *ibid.*
Propositions des C. Saluiati & Rodolphe à l'Empereur, 29
Procez se perdēt si on ne les solicite, 16

R

Rabelais, à plusieurs commissions en Italie de l'Euesque de Maillezais, 2. expedie son affaire en cōsistoire à la faueur des Cardinaux de Genutiis & Simonetta, 4. Opinion des Cardinaux sur icelle, *ibid.* Leue ses Bulles gratis, 5. fauorisé par les Cardinaux du Bellay & de Mascon, *ibid.* se recommande aux aumosnes de l'Euesque de Maillezais, *ibid.* à correspondance auec luy pour ses depesches de Rome qu'il luy fait tenir en Poictou pour Lyon, 26. est domestique à Rome du Cardinal du Bellay, & de l'Euesque de Mascon, 51. obtient du Pape composition pour ses Bulles, 52. le Cardinal du Bellay s'offre d'y employer le credit du Roy François I. & de l'Ambassadeur de Frãce, 53. est present à l'entreuuë des Cardin. de Trente & du Bellay, 72.

Monsieur de Ramboüillet à Rome, 68.

Le Seigneur Rance grand & vaillant Capitaine, la haine du Pape contre luy, 66. meurt à la chasse estouffé sous vn cheual Turc, 67. grande perte pour François I en Italie, *ibid.* sa reputation en l'art militaire, *ibid.* Comte de Pontoise en France, 67. La Marquise de Cere est consolée par le Seigneur de Ramboüillet de la part du Cardinal du Bellay, 68

Registre du Palais de Rome, 45

Renée de France, Duchesse de Ferrare, mal satisfaite du Duc son mary, 18. luy oste sa gouuernante, & la fait seruir par Italiennes, *ibid.* ses enfans, 59

TABLE.

Rocha, place forte à Florence, 55.56
La ville de Rome & ses lieux publics, 6
Porte S. Sebastien Campdoly, 32.
Temple de la paix, *ibid.* l'Amphiteatre, 32. Arcs Triomphaux de Constantin Vespasian, Titus & Numetianus, *ibid.* ses Palais de sainct Georges, 11. de S. Marc, 32. de Farnese, demeure du Pape, *ibid.* ruine des Eglises pour la venuë de l'Empereur, 33. Iardin secret de Belueder, 48. Sac de Rome par les Lanskenets, 6. Chasteau S. Ange, 32. Maison des Somistes 64. Rome adonnée aux pronostics, 22
Case Ruffine Famille à Rome, 65

S

Sardaigne & Minorque, Isles de la mer Mediterranée, 21. rauagées par les Corsaires, *ibid.*
Signatures de Rome, 3
Siennois & leur Ambassade au Pape, 24. Harangue faite au Consistoire par le Pape, 34. vont à Naples, *ibid.*
le Sophy de Perse arme des galeres,

TABLE.

veut descendre à Constantinople, 38. deffait le Turc prez de Coni en bataille des plus sanglantes depuis quatre cent ans, 11.12

La Dame de Soubise Gouuernante de la Duchesse de Ferrare, 18

T

Tanais fleuue, 38
Tauris, grande ville de Perse, 12
Taurus, Montagne, 38
Tunis, place d'Afrique, 21
le Turc menasse la Sicile, 14. perd quarante mil cheuaux en bataille contre le Sophy, 12. cause de la perte, la diuision de ses trouppes, 13

V

Monsieur de Vely Ambassadeur du Roy François, Iuers l'Empereur, 11
Republique de Venise enuoye ses Ambassadeurs à l'Empereur à Naples, 33. Le Pape les enuoye receuoir, 34

TABLE.

Victoire sanglante entre personnes qui ne fuyent point, 12
Villes de Coni, 12. Betelis, 37
Violes matronales en Italie, 50
Archidiacre des Vrsins, Abbé de S. Nicaise de Reims, parent du Baron de Rance, 69

OBSERVATIONS SVR LES EPISTRES DE RABELAIS.

EPISTRE I.

MONSEIGNEVR DE MAILLEZAIS] *Geoffroy d'Eſtiſſac*, Eueſque & Seigneur de Maillezais en Poictou, eſtoit fils de *Iean* Baron *d'Eſtiſſac* en Aunis, lequel eut bonne part aux faueurs de Charles de France, Duc de Berry, de Guyenne & de Normandie, Comte

Page 1.

Eſtiſſac.

de Saintonge, Seigneur de la Rochelle, frere puisné du Roy Louys XI. & dont Philippes de Commines, Seigneur d'Argenton, fait honorable mention dans ses Memoires. *Philippes Cardinal de Luxembourg*, se démit de l'Euesché de Maillezais en faueur de ce Prelat, qui fut nommé par le Roy François I. l'an 1518. le 24. iour de Mars : Et gouuerna ceste Eglise long-temps, puis que Iean Bouchet Annaliste de Poictou raporte qu'il estoit encore Euesque l'an 1544. Son successeur fut *Iacques d'Escoubleau*, fils d'Estienne, Seigneur de Sourdis, & de Ieanne de Tusseau. Il estoit aussi Abbé de la Saincte Trinité de Mauleon & de S. Pierre d'Oiruau en Poictou, & eut pour petits neueux François Cardinal de Sourdis, Archeuesque de Bordeaux, Primat d'Aquitaine, & Henry d'Escoubleau, Commandeur des Ordres du Roy, successeur de son frere dans ceste dignité.

L'Euesque de Maillezais dont est cy dessus parlé, tiroit son extraction de l'ancienne Maison d'Estissac au pays d'Aunis;

d'Aunis; de laquelle a herité l'Illustre Famille de la *Rochefoucaud*; par le moyen de l'Alliance du Comte de la *Rochefoucaud*, Prince de Marcillac auec *Charlotte Dame d'Estissac*. L'vn de ses Ancestres *Amaury* Seigneur d'*Estissac*, espousa l'an 1444. Marguerite de Harcourt, sortie de la branche des Comtes de Harcourt en Normandie: Et de ceste alliance estoit issu vray-semblablement.

Genealogie d'Estissac.

Harcourt.

Bertrand Baron d'*Estissac*, Conseiller du Roy en ses Conseils, Chambellan ordinaire; Lieutenant general pour sa Majesté en ses Pays & Duché de Guyenne, Maire & Gouuerneur de la ville de Bordeaux; lequel espousa *Catherine Chabot*, sœur de Philippes Chabot, Admiral de France, & fille de Iacques Baron de Iarnac, & de Magdelaine de Luxembourg.

Chabot.

Louys Seigneur & Baron d'*Estissac* leur fils, fut Cheualier de l'Ordre du Roy, Capitaine de cinquante hommes d'armes de ses Ordonnances; Gouuerneur du pays d'Aunis & de la Rochelle, Seigneur de Monclars; Mon-

G

taud, la Barde en Perigord, de Cahuzac, Saulsignac & Monteton en Agenois, de la Brosse, de Colonges & de Benets en Poictou. Il contracta mariage en premiere nopces auec *Anne de Daillon*, fille de Iacques, Seigneur du Lude, Chambellan du Roy, Seneschal d'Anjou, & de Ieanne d'Illiers, dont nasquirent trois filles.

Daillon.

La premiere, *Ieanne d'Estissac*, mariée à François *de Vendosme*, Cheualier de l'Ordre, Capitaine de cinquante hommes d'armes, Vidame de Chartres, Prince de Chabanois qui n'en laissa enfans.

Vendosme.

La deuxiesme, nommée *Susanne d'Estissac*, fut conjointe auec *Iacques de Ballaquier*, Seigneur de Monssalez, Cheualier de l'Ordre du Roy, qui en eut *Marguerite* de Balaquier, Dame de Monssalez, femme en premier lict, de Bertrand d'Ebrard Seigneur de sainct Supplice, dont est venuë Claude d'Ebrard, alliée auec Emmanuel de Crussol, Duc d'Vsez & d'Acier, Pair de France, Comte de Crussol, Baron de Ieuis & de Florensac, qui en a eu des enfans.

Ballaquier.

Ebrard de S. Suplice.

En deuxiefme mariage, la Dame de Monſſalez ſus-mentionée, eſpouſa *Charles*, Seigneur *de Monluc*, petit fils de Blaiſe de Monluc, Mareſchal de France, Lieutenant general du Roy en Guyenne : duquel elle a eu Suſanne de Monluc, femme d'Anthoine de Lauzieres, Marquis de Themines, fils aiſné de Pons, Marquis de Themines, Mareſchal de France, pere de Suſanne, heritiere de Themines & de Monluc, mariée auec *Charles de Leuis*, Duc *de Ventadour*. Le troiſieſme mary de *Marguerite* a eſté *Bertrand*, Seigneur de *Vignoles*, la fille duquel Suſanne de Vignoles, a eſpouſé *Hector de Gelas* & de Voiſins, Marquis de Leberon & d'Ambres, Vicomte de Lautrec, l'vn des Lieutenans Generaux du Roy Louys XIII. en Languedoc, & Cheualier de ſes Ordres : qui perdit la vie à la bataille de Leucate, l'an 1637.

Suſanne d'Eſtiſſac eſtant veufue du Seigneur de Monſſalez, paſſa en ſecondes nopces auec *Anthoine de Leuis*, Comte de Quelus, ſorty d'vne branche puiſnée de la Maiſon de Leuis, qui

Monluc.

De Vignoles.

Leuis. Quelus.

G ij

a produit les Seigneurs Marquis de Mirepoix, Mareschaux de la Foy, les Ducs de Ventadour, les Comtes de Charlus, les Barons de Cousan & autres. De cette alliance nasquirent Iacques de Leuis, Comte de Quelus, mort sans lignée. Marguerite de Leuis, femme d'Hector de Cardaillac, Seigneur de Bioulé. Ieanne de Leuis, mariée auec Claude, Barõ de Pestels. Anne de Leuis, espousa Iean de Castelpers, Vicomte de Panat.

La troisiesme fille de *Louys, Baron d'Estissac*, & d'Anne de Daillon, *Charlotte d'Estissac*, espousa Gabriel Nonpar de *Caumont*, Comte de Lauzun, allié à Catherine de Grammont, il en eut Gabriel 2.e Comte de Lauzun, Marquis de Peguilhem, & Charlotte *de Caumont*, femme de *Federic de Foix*, Comte de Gurson, Vicomte de Meille, qui en a eu plusieurs enfans, à sçauoir, *Gaston de Foix*, Comte de Flaix, qui fut tué au siege de Mardik l'an 1646. delaissant des enfans de *Marie-Claire de Baufremont*, fille de Henry Marquis de Senecey, & de Maie Catherine de la Rochefoucaud, Comtesse de Randan, dont l'aisné s'appelle, Iean-Baptiste Gaston de Foix, Comte de Flaix.

Du second mariage de *Louys, Baron d'Estissac,* & de *Louise de la Beraudiere,* furent procreez *Charles,* Baron d'Estissac mort sans enfans l'an 1586. Ainsi *Claude d'Estissac* heritiere de son frere, & Comtesse de la Rochefoucaud, porta plusieurs belles Terres & Seigneuries, en la Maison de la Rochefoucaud par le mariage qui fut fait entre elle, & FRANÇOIS IV. Comte DE LA ROCHEFOVCAVD, Prince de Marcillac, &c. fils aisné de François III. Comte de la Rochefoucaud, & de Siluie Pic de la Mirande, fille de Galeas, Prince de la Mirande & de Concorde. Ce *François IV.* rendit de Signalez seruices au Roy Henry IV. tant deuant que depuis son auenemét à la Couronne de France, & pour son seruice fut tué à S. Yrier la Perche, le 15. de Mars 1591. Delaissant deux fils à sçauoir, François V. Duc de la Rochefoucaud, & *Benjamin Baron d'Estis-*

1586.

Genealogie de la Rochefoucaud.

1591. Rochefoucaud. Estissac.

sac, qui a pour fils François de la Rochefoucaud, Marquis de Magné.

Quãd à *François V.* nommé *Duc de la Rochefoucaud*, & Pair de France par le Roy Louis XIII. l'an 1622. Il fut aussi Prince de Marcillac, Baron de Vertueil, Cheualier des Ordres du Roy, Conseiller en tous ses Conseils, Capitaine de cent hommes d'armes des Ordonnances, Gouuerneur & Lieutenant general pour sa Majesté au pays de Poictou, Sa mort aduint en la ville de Poictiers l'an 1650. le 8. de Feurier, ayant espousé dés l'an 1611. au mois de Iuillet, *Gabrielle du Plessis*, fille de Charles, Seigneur de Liancourt, Cheualier des Ordres du Roy, Conseiller en ses Conseils, premier Escuyer de son Escurie, Lieutenant general pour sa Majesté, en la Ville, Preuosté & Vicomté de Paris; & d'Anthoinette de Pons, Marquise de Guercheville, Dame d'honneur de la Reyne Mere du Roy, Marie de Medicis. De ce mariage sortirent plusieurs enfans, *François VI.* Duc de la Rochefoucaud. *Louys* de la Rochefoucaud,

marginalia: 1622. 1650. 1611. Plessis, Liancourt.

Euesque de Lectoure en Guyenne, Abbé de Nostre Dame la Celle, de la Reau, & de S. Iean d'Angely, nommé par le Roy Louys XIV l'an 1646. & consacré l'an 1649. N. de la Rochefoucaud, *Cheualier de Malthe*, cy-deuant Gouuerneur de la ville de Damvilliers en Luxembourg. *Marie Isabeau* de la Rochefoucaud, leur sœur a espousé *Louys Brulart*, Marquis de Sillery en Champagne, Vicomte de Puisieux, qui en a des enfans. Les autres filles sont Religieuses.

1648.

François VI. Duc de la *Rochefoucaud*, Prince de Marcillac, Baron de Verteuil, &c. Gouuerneur & Lieutenant general pour sa Majesté en la Prouince de Poictou: a pris alliance auec *Andrée de Vivonne*, heritiere de la Maison de la Chastaigneraie, fille d'André de Viuonne, Seigneur de la Chastaigneraie, Grand Fauconnier de France, & de Marie-Anthoinette de Lomenie son espouse, dont il a des enfans. L'aisné *François VII. de la Rochefoucaud*, est Prince de Marcillac.

Vivonne, la Chastaigneraye.

Par l'inscription de ces lettres, il

G iiij

est aisé à cognoistre, qu'elles sont addressées à l'Euesque de Maillezais mentionné auparauant par Rabelais. Il auoit acquis son amitié pendant qu'il estoit Religieux Regulier de l'Ordre de S. Benoist dans son Chapitre de Maillezais, auant qu'il fust secularisé, & estoit employé par luy dans plusieurs importantes affaires. Au commencement de cette Epistre, il rend raison à ce *Geoffroy d'Estissac* son Mœcene, qui estoit tres-curieux des fleurs & des nouuelles plantes, d'vne Commission qu'il auoit euë de sa part, accompagnant le Cardinal du Bellay en son Ambassade de Rome, de rechercher les graines les plus rares de toute l'Italie, principalement celles qui croissoient au Royaume de Naples, lesquelles en ce temps-là estoiēt beaucoup estimées, & de les enuoyer en son pays de Poictou.

L'ERMENAVD] C'est vn Chasteau qui appartient aux Euesques de Maillezais, prés la ville de Fontenay le Comte en Poictou, *Godefroy d'Estissac* s'y plaisoit, ce lieu estant agreable pour l'agriculture Dans la Charte de la Fondation du Monastére de sainct Pierre de Maillezais, qui fut faite par Guillaume IV. Comte de Poictou, Duc de Guyenne; Il donne entre-autres biens qui luy appartenoient de son heritage, la ville de S. Marie de l'*Ermenaud*, auec autres biés qui composent à present le Domaine de l'Euesche de la Rochelle, dit autrefois de Maillezais. Dans ce lieu estoit fondé vn Prieuré qui dependoit de l'Abbaye de Maillezais, dans laquelle Pierre Religieux de ce Monastere, composa sa *Chronique Manuscripte*, contenant plusieurs remarques Notables & Historiques de son temps, dont l'original se treuue dans l'excellente Bibliotheque des Manuscrits de Messieurs du Puy.

<small>Tabulatium Maleacensis, Abbatiæ.</small>

Ce Prieuré de l'*Ermenaud* fut reüny depuis à la Mense Episcopale, lorsque ceste Abbaye de Maillezais, fut érigée en Euesché l'an 1317. par le Pape Iean XXII. & fut separé de celuy de Poictiers auparauant son Diocesain. Il dépend encore à present du nouueau Euesche de la Rochelle, qui a esté trans-

<small>1317.</small>

feré de Maillezais en cette ville-là, par permiſſion du Roy Louys XIV. & par vne Bulle du Pape Innocent X. Meſſire *Iacques Raoul* ayant eſté nommé premier Eueſque de ce lieu, & quité l'adminiſtration de l'Eueſché de Saintes à Monſeigneur Lovys de Baſſompierre.

2. MADAME D'ESTISSAC.] Elle s'appelloit *Catherine Chabot*, & eſtoit ſœur de l'Admiral Chabot, & de Charles, Baron de Iarnac, Gouuerneur de la Rochelle, & du pays d'Aunis, duquel ſont iſſus les Barons de Iarnac, aiſnez de la Maiſon de Chabot. De la deuxieſme branche eſt ſorty Henry Duc de Rohan, Prince de Leon, Comte de Porhoet, Gouuerneur d'Anjou qui a eſpouſé Marguerite Ducheſſe de Rohan.

Genealogie de la maiſon de Chabot.

Philippes Chabot, Comte de Buzançois & de Charny, Gouuerneur de Bourgogne, & de Normandie, Admiral de France, & frere de Catherine Chabot; eut bonne part aux faueurs du Roy François I ſon oncle maternel; du coſté de ſa femme Françoiſe de Longuy qu'il espousa l'an 1525. Elle estoit fille de Iean Baron de Paigny & de Mirebeau, & de Ieanne d'Orleans, Comtesse de Bar-sur-Seine, sœur naturelle du mesme Roy. De ceste Alliance sont sortis les Comtes de Charny, & Marquis de Mirebeau en Bourgogne; dont il ne reste aucuns masles, que ceux qui sont issus du mariage de Leonor Chabot, Seigneur de Charroux & d'Anne de Montessus.

Cette Famille *de Chabot* en Poictou, qui porte *d'or à trois Chabots de gueulle en pal*, est de tres-ancienne Noblesse & Illustre, dont les premiers Seigneurs furent puissans aupres des Ducs de Guyenne, & possederent la Seigneurie de Vouuent : à raison dequoy ils disputerent long-temps, l'Aoüerie, Garde & Protection sur l'Abbaye de Maillezais, comme il se recueille par le celebre iugement, qu'en rendit le Roy de France, seant en son Conseil, où assistoient plusieurs Barons & grands Seigneurs. Il est plus au long descrit dans les Tiltres de ceste Abbaye. Et dans la Genealogie de cefte Maifon de Chabot, amplement traictée en l'Hiftoire de Chaftillon fur Marne compofée par André du Chefne Hiftoriographe du Roy, l'vn des Celebres Hiftoriens de ce temps.

Liure 8.

4. LE CARDINAL DE GENVTIIS IVGE DV PALAIS.] *Hierofme Ghinucci* noble Sienois, exerça la charge de Nonce Apoftolique pour le Pape Leon X. à la Cour de l'Empereur Charles V. du Roy François I. & de Henry VIII. Roy d'Angleterre. Il fut creé par Iules II. l'an 1512. Euefque Prince d'*Afcoli*, apres Laurens de Fiefque, & Cardinal du S. Siege par le Pape Paul III. l'an 1535.

Italiæ Sacræ, T. 1.

1512.

1535.

En fin il paffa de cette vie en vne meilleure à Rome, le 3. de Iuin l'an 1541. eftant en grande reputatiõ pour fa vertu, & l'experience qu'il s'eftoit acquife en la Cour Romaine. C'eft de ce Cardinal que fe louë beaucoup *Rabelais* en cefte Epiftre, ayant eu fa protection & fon affiftance, pour l'expeditiõ d'vne affaire importante qu'il auoit au Confiftoire. Iulien, Cardinal de Medicis luy fucceda.

1541.

LE CARDINAL SIMONETTA] *Iacques Cardinal Simonetta*, noble Milanois, fut *Euesque de Pesaro* en Italie, & Auditeur du sacré Palais l'an 1528. Le docte Sadolet parle auec beaucoup d'Eloge de sa personne, & le louë pour la cognoissance qu'il auoit des bonnes lettres & disciplines, estant l'ornement du sacré College. Il eut d'honnorables emplois sous le Pontificat de Iules II. Leon X. & Clement VII. Le Pape Paul III. pour ses recommandables seruices le nomma Cardinal l'an 1535. Bref, apres auoir beaucoup merité de l'Eglise, il trespassa dans Rome l'an 1539. ayant esté encore Euesque de Perugia & de Lodi, sa sepulture est en l'Eglise de la Trinité du Mont.

4.
Ferdinand.
Vghellus.
Italiæ sacræ
Tomo 2.
1528.

1536.

LE PAPE ESTOIT D'AVIS] *Paul III.* du nom, dit le Cardinal Farnese. Il estoit Romain de nation, fils de *Pierre Louys Farnese*, Gentilhomme Romain, & de *Ioanelle de Caietan*, issuë de la Maison de Boniface VIII. La Toscane le veit naistre l'an 1468. *Pomponius Lætus*, l'vn des sça-

4.

Tome 2. de
l'Hist. des
Papes.

1468.

uans hommes de son temps, luy enseigna les lettres Humaines, & en suite eut de tres-excellens Professeurs aux Lettres Grecques & Latines, aux Mathematiques, & en la Poësie.

1493. Alexandre VI. le crea Cardinal l'an 1493. estant Prince du sacré College que Guichardin nomme *le plus ancien Cardinal de la Cour*, il fut esleu
1534. Pape le 3. Nouembre 1534. apres Clement VII. conformiément à l'instance que Clement en auoit faite au Sacré College. Car il estoit homme docte & de bonne vie, d'vn profond iugement, prudent & moderé en ses actions, & orné des bonnes lettres, qu'il fauorisa grandement durant son Pontificat. Il procura la paix entre l'Empereur Charles V. & le Roy François I. Assembla premierement
1537. le Concile à Trente l'an 1537. fit ligue auec ledit Empereur contre les Protestans d'Allemagne, & mourut
1549. le 10. Nouembre 1549 estant âgé de quatre vingt & vn an, apres auoir tenu le Siege quinze ans & dix-huit iours; & remporte la gloire d'auoir esté vn

des grands Papes Iacques Sadolet decrit les plus insignes actions de son Pontificat.

LE CARDINAL DV BELLAY] *Iean Cardinal du Bellay*, l'vn des fils de de Louys du Bellay Seigneur de Langey, & de Marguerite de la Tourlon, estoit issu d'vne des plus illustres & anciennes Maisons du pays d'Anjou; il posseda en diuers temps, les Eueschez de Bayone, du Mans, de Limoges, de Paris, & l'Archeuesché de Bordeaux. Le Pape Paul III. le nomma Cardinal l'an 1535. à la recommandation du Roy François I. qui luy portoit vne grande affection, *pour sa rare doctrine, sa vigeur d'esprit & capacité, au maniement des grands & importans affaires de son Estat.* Toutes lesquelles parties estoient accompagnées d'vn si magnanime courage, Que lors des guerres contre l'Empereur Charles V. & en vn temps fort troublé, le Roy luy commit le Gouuernement de la ville de Paris qu'il fit fortifier de rampars

Quant aux affaires d'Estat il y estoit

5. Vie M. S. du Card. du Bellay.

1535.

consommé, & seruit vtilement dans l'Ambassade d'Angleterre auec Anne Seigneur de Montmorancy, ayant esté occupé continuellement pour le seruice du Roy François I. Il sacra le Pape Paul IV. fut Legat de sa Sainceté en Italie & en Angleterre, où le grand changement de la Religion ne fust aduenu, si l'on eust deferé à ses prudens & sages conseils. Il rendit encore vn tesmoignage de son sçauoir exquis, tant au Concile de Trente, qu'à Marseille deuant le Pape Clemét VII. & le Roy François I. en la Harangue qu'il fit lors des nopces du Daufin Henry Fils de France auec Catherine de Medicis.

Giaconio. Vghelli T. primo in Episcop. Ostiésibus.

Estant Doyen des Cardinaux, Euesque d'Ostia & Velletri, il mourut à Rome l'an 1560. âgé de soixáte-huict ans Et fut inhumé en l'Eglise de la Trinité du Mont. *Ce Cardinal fut des plus illustres de son temps, pour la doctrine & rare cognoissance qu'il auoit de toutes Langues, mesmement de la Latine.* Paul Ioue & plusieurs grands hommes de son temps, l'ont loüé en leurs Ouurages

ges; aufquels le Lecteur aura recours.

Loüys Trincant, Procureur du Roy à Loudun, en l'Hiſtoire Genealogique de la Maiſon du Bellay, non encore imprimée, & qu'il a dreſſé auec beaucoup de foin & de recherches curieuſes ſur les Tiltres de ceſte Famille: deſcrit amplement la vie de ce grand Cardinal, & de ſes freres Heroïques, *Guillaume, Seigneur de Langey*, Lieutenant General du Roy en Piedmont, ſi recommandable pour ſa Vaillance & ſes Commentaires, auſſi bien que *Martin du Bellay Prince d'Iuetot* en Normandie, qui eut pour fille Marie femme de René II. Seigneur du Bellay, Baron de Thoüarcé ſon couſin, qui fut Prince d'Iuetot, & heritier de pluſieurs grandes Seigneuries, à cauſe de ceſte alliance; Leur petit fils *Charles Marquis du Bellay Prince d'Iuetot*, Baron de Thoüarcé & de Commequiers, Seigneur de Gizeux. Eſt à preſent Chef du nom & Armes de ceſte Maiſon.

Seigneurs du Bellay Princes d'Iuetot.

Rabelais parle ſouuent auec Eloge

H

du Cardinal du Bellay en ses Epistres, & c'est auec raison, puis qu'il faisoit gloire de l'auoir pour son Patron & son Mecene : Ce genereux Cardinal l'ayant appellé de l'Eglise de Maillezais où il estoit Religieux, pour le gratifier d'vne Prebende dans l'Eglise Collegiale de S. Maur des Fossez prés Paris, & de la Cure de Meudon, qui n'est esloignée de la mesme ville que deux lieuës.

5. REFERENDAIRES] Ce sont ceux qui distribuët les causes d'appel, que le Iuge du Palais à pouuoir de commettre aux Auditeurs de Rotte en Cour de Rome.

5. L'EMPEREVR] *Charles V. de ce nom Empereur & Roy d'Espagne*, fils aisné de Philippes d'Austriche I. du nom, Roy de Castille, & de la Reyne de Castille & d'Arragon Ieanne sa femme. Il nasquit à Gand le 24. Ianuier feste S. Mathias, l'an 1500. & fut esleu Empereur l'an 1520. *Il a obtenu la loüange d'auoir esté l'vn des plus grands & vertueux Monarques qui ait commandé depuis Charles le Grand*. Aussi emporta-il

Sandoual.

Piedspord.
1500.
Ann. des
Habsb.
g. æGentis.
Gerardi de
Roo.

plusieurs victoires, mesmement sur les Turcs & autres Infideles, ayant repoussé Solyman, & asseuré la Chrestienté en deffendant son Patrimoine, & les Estats du Prince Ferdinand son frere contre la puissance de cet ennemy commun. En Affrique il subjugua les places de la Goulette, de Tunes & la ville d'Affrique, vainquit en Allemagne les Princes Protestans, qui fauorisoient les heresies de Luther.

Mais il est difficile d'excuser la prise de Rome faite par son armée, le rude traictement du Pape Clement VII. & du Roy François I. que Charles eut en sa puissance apres la bataille de Pauie. L'entretenement de l'Interim pour la Religion, & la Paix de Passavv en Allemagne. D'ailleurs il monstra la grandeur de son courage, en ce que luy, qui tant de fois auoit vaincu les autres, demeura victorieux sur soy-mesme, en quittant l'Empire à son frere Ferdinand I. (dont est encore en possession sa posterité,) auec ses autres Royaumes, & les pompes mondaines pour se retirer en vn lieu soli-

Histoire Gnealogique de la Maison de France, f. 2.

Famianus Strada.

taire, qui fut le Monastere de S. Iust de l'Ordre de S. Hierosme, & y passer le reste de ses iours, afin de mieux vaquer au seruice de Dieu, comme il fit apres auoir tenu l'Empire trente-six ans, & ses Royaumes Hereditaires, XL. estant passé d'vne Couronne mortelle à la possession d'vne autre qui fut plus perdurable, le 21. Septembre l'an 1558.

1558.

Genealogie de la Maison d'Austriche Rois d'Espagne.

Il delaissa pour fils d'Elisabeth de Portugal fille du grand Emmanuel Roy de Portugal & de Marie de Castille, le Roy d'Espagne *Philippes II.* surnommé le Prudent, lequel d'Anne d'Austriche la quatriesme des femmes qu'il espousa, a esté Pere du Roy *Philippes III.* & cestuy-cy de *Philippes IV.* à present Roy d'Espagne, lequel apres la mort d'Elisabeth de France fille du Roy Henry le Grand, dont il luy reste vne fille vnique *Marie Therese* Infante d'*Espagne*, presomptiue heritiere de ces Estats & Royaumes, s'est allié auec Marie Anne d'Austriche fille de l'Empereur Ferdinand III. & de Marie d'Austriche d'Espagne.

LE PAPE LVY CEDE LA MOITIE' DV PALAIS] Le Vatican ce celebre Palais où les Papes demeurent. Il est composé de plusieurs bastimens, remply d'excellentes peintures & d'Antiques. Nicolas V. le commença, les Papes Iules II. & Leon X. l'acheuerent. Mais Sixte V. & Clement VIII. l'ont de beaucoup enrichy : Et c'est en ce lieu où est conseruée la fameuse Bibliotheque du Vatican.

Le iugement & l'estime que fit le Roy de France Charles VIII. de ce superbe Palais, où il logea dans Rome, allant à la conqueste du Royaume de Naples, merite bien d'estre icy descrit ; Il se recueille d'vne lettre que ce Prince escriuit à Monseigneur le Duc de Bourbon ; Elle est tirée d'vn ancien Manuscrit, en ces termes.

*Lettre du Roy Charles VIII.
au Seigneur de Beaulieu
son Frere, Regent
du Royaume.*

MON FRERE. Hier au soir qui fut quinziesme iour de ce mois, furent concluds & accordez entre nostre S. Pere & moy, les Articles dont ie vous enuoye le double cy enclos: Et par iceux pourrez voir bien au long, comme ie suis demeuré enuers sa Saincteté, & ce qu'il a fait pour moy, & aussi ce que ie dois faire pour luy, comme tous differeds sont entre nous pa ifiez. Et pour ce que encores ie n'auoye veu nostre dit Sainct Pere, ie suis auiourd'huy party du *Palais S. Marc* où j'estois logé, & m'en suis venu ouïr la Messe à l'Eglise S. Pierre, & disner & loger au Palais de nostre S. Pere, lequel il m'auoit fait preparer : *& est vn tresbel Logis & aussi bien accoustré de toutes choses que Palais, ne Chasteau que ie vis iamais.* Nostre S. Pere qui estoit en son Chastel S. Ange est venu audit Palais, où nous sommes entre-rencôtrez, & veus en vn jardin qui est à l'entour de la Gallerie, par laquelle on va audit *Chastel Sainct Ange.* Il m'a fait grand recueil, de l'honneur largement, & monstré auoir tresbóne affection enuers moy, dont ie vous ay bien voulu aduertir, & pareillement de la Promotion de la *Dignité de Cardinal de Monsieur de S. Malo*, laquelle ce iour-

Palais du Vatican.

Promotion de Guillaume Briconet Cardinal de S. Malo.

d'huy par nostre dit S. Pere à ma presence, & d'vne grande partie des Cardinaux, a fait à ma priere & Requeste. Mon Frere, incontinent que ie auray mis fin à mon affaire d'icy, & que auray aduisé & concluds, le chemin que ie tiendray pour partir de ceste ville, ie le vous feray sçauoir, & pareillement toutes autres choses que seront suruenuës, Faictes moy sçauoir de vostre part, de vos nouuelles, & de ce que sera suruenu par delà. Adieu mon Frere, que Dieu vous ait en sa saincte garde. Escrit à Rome le xvij. iour de Ianvier. Signé, CHARLES & Robertet.

Dans ceste Lettre est faite mention des Articles accordez entre le Pape & le Roy de France Pour contenter la curiosité du Lecteur, l'on a jugé à propos d'en faire part au public; Tous les Historiens du Temps, mesme le judicieux Polybe François en ses Memoires, & le Celebre Guichardin en l'Histoire de son temps, ne les rapportent qu'en Sommaire, au lieu qu'ils sont icy d'escrits plus au long, ayans esté extraicts du precedent Manuscrit, contenant plusieurs remarques particulieres de l'Histoire du Regne de ce Monarque. *Philippes de Comines, l. 7. Histoire d'Italie.*

ARTICLES

ACCORDEZ ENTRE le Roy Charles VIII. allant à la Conqueste du Royaume de Naples, & le Pape Alexandre VI. dās la ville de Rome 1494

I.

1494. Nostre Sainct Pere apres ce qu'il a requis & veu la deuotion que le Roy a enuers sa Saincteté, & que les choses deuant ont esté faictes, n'ont point esté pour porter prejudice ne nuire à sadite Saincteté, mais à l'exaltation de sa Saincteté, & de l'Eglise: Et aussi considerant le Roy

que les choses que par nostre dit
S. Pere ont esté faictes par cy-deuant pour aucunes consideratiõs,
n'ont point esté pour nuire ne
pour prejudice à sa Majesté, ont
fait & accordé les Articles qui en-
suiuent.

II.

Et premierement que nostre
S. Pere demeurera bon Pere, que
le Roy demeurera bon Fils de nostre S. Pere, & si aucunes choses
auoient esté faictes, par chacunes
des parties à l'encontre de l'autre,
ils reuoquent & quittent sans que
l'vn ne l'autre en puisse aucune
chose demander.

III.

Item, Est contant nostre dit S. Pere, que Monsieur le Cardinal *Cæsar Borg. Card. de Valence.*

de Valence, aille auec le Roy pour l'accompagner, auec decent & honorable estat, ainsi qu'il a tousjours accoustumé. & le Roy pour l'honneur de nostre dit S. Pere, le receura honnorablement, & le traictera humainement, comme il appartient à son Estat & Dignité; & demeurera mondit sieur le Cardinal auec le Roy, le terme de quatre mois plus ou moins, ainsi que par nostre S. Pere sera conclud & aduisé.

IV.

Zinzime ou Gemes, frere de Baiazet II. Empereur des Turcs, se retira à Rodes 1482. Terracine.

Item, Et consignera nostre dit S. Pere, du Conseil de Messieurs les Cardinaux, *Zinzime* frere du *Turc*, sera mis és mains du Roy, pour par luy estre gardé en la place & Rocque de Terracine, où telle autre place où Rocque, qu'il sera aduisé entre nostre dit S. Peré, & le Roy pour la seureté dudit Sieur, & empescher que les Turcs n'entrent en Italie ; & promet le Roy, & s'oblige de le ne faire trãsporter hors ladite place ; sinon qu'il en fut besoing pour empescher la deffense desdits Turcs, ou pour quelque bonne raison fust, pour la seureté de la personne dudit Turc par peste ou autre cause raisonnable, pour laquelle l'on le d'eust transporter, en vne des places de l'Eglise qui sera entre les mains du Roy, selon qu'il sera aduisé entre la Saincteté de nostre dit S. Pere le Pape & le Roy.

Alexandre VI. Pape.

V.

Item, auant que le Roy departe d'Italie, pour s'en retourner à son Royaume de France, il restituëra ledit Zinzime à noſtre S. Pere, ſans aucune exception, pour eſtre gardé ſelon le contenu de la Bulle faite par le Pape *Innocent*.

Le Pape Innocent VIII.

VI.

Item, & en cas que ledit Turc, frere de Zinzime fiſt, ou euſt guerre à noſtre dit S. Pere, le Roy par effet & à ſon pouuoir, il aidera & deffendera ſa Saincteté & ſon Eſtat à l'encontre dudit Turc.

VII.

Item promettra le Roy que le Cardinal Grand Maiſtre de Rodde, ratifiera dedans ſix mois, l'article cy-deſſus eſcrit faiſant mention dudit Turc.

Pierre d'Aubuſſon Cardinal, Grand Maiſtre de Rodes.

VIII.

Item, Et pour la ſeureté

dudit Turc, le Roy baillera pleiges les premiers Barons & Prelats, estants de present en sa compagnée, lesquels s'obligeront en la somme de cinq cens mille ducats, payables pour vne fois a nostre S. Pere, & à la Chambre Apostolique.

IX.

Item, Et au regard du Tribut que le Turc a accoustumé de payer à nostre dit S. Pere, à l'oc-casion dudit ZinZime, qui est de *quarante mille ducats*, comme l'on dit : le Roy entend que ledit Tribut vienne és mains de nostre dit S Pere, comme il a accoustumé, & baillera ledit Sieur Banques, pleges, & respondans à Rome, de bailler lesdits deniers qui viendront dudit Tribut de quarante

Tribut du Turc de 40 mil Ducats qu'il paye au Pape pour Zinzitue.

mille ducats, à nostredit S. Pere ainsi que l'on a accoustumé.

X.

Item, Nostre dit S. Pere baillera la ville & Rocque de *Ciuitauechia* au Roy, pour la tenir durant son voyage, pour y recueillir ses viures, gens, & choses qui luy sont necessaires: Laquelle ville & Roque, le Roy promettra rendre & restituer, au retour de son voyage, à nostre dit S. Pere ou à son Successeur, & luy en bailler lettres signées de sa main, & seellées de son Séel, & de present ordonnera au Capitaine qu'il commettera à la garde de ladite place, faire serment à nostre dit Sainct Pere, & aussi le faire; & le deschargera de la garde de ladite place, & n'entend pas le Roy aucune chose prendre

Ciuitauechia.

prendre du Domaine & reuenus desdites villes & Roques, ne toucher à la Iustice, mais tout demeurera à nostre dit S. Peré.

XI.

Item, Et entend le Roy, que tous Marchands, Victuales, & Marchandises, de quelque lieu qu'elles viennent, puissent venir, sejourner, passer & repasser, tant par ledit Ciuita-vechia, Ostie, & autres lieux de l'Eglise, sans que aucun empeschement leur soit fait ou donné : Toutesfois les Marchands du Royaume seront tenus de prendre Sauf-conduit de nostre S. Pere, pour eux & leurs victuailles, pour icelles porter en ceste Cité de Rome, & autres Terres de l'Eglise, pourueu qu'ils ne seront point en armes, &

Ciuita-Vechia. Ostie.

qu'ils n'offenderont, ne porteront dommage aux gens du Roy, ne à son armée, ne qu'ils ne feront ne pourchasseront chose contraire & prejudiciable à luy ne à sadite armée.

XII.

Item, Et baillera nostre dit St Pere au Roy, son armée & seruiteurs, passages & viures, par toutes les villes, places, ports & termes de l'Eglise, tant en allant, seiournant, passant & retournant par icelles, franchement & seurement, en payant toutesfois raisonnablement lesdits viures.

XIII.

Ville de Suzenne.

Item, Sera content nostre dit S. Pere, que en la ville & Chasteau de Suzenne, soit mis vn Gouuerneur autre que celuy qui y eſtoit, pour y reſider durant l'entrepriſe du Roy, & y mettre noſtre dit S. Pere, tel Prelat que le Roy nommera agreable à noſtre dit Sainct Pere.

XIV.

Item, Et au regard de la Legation de la Marque d'Ancone, noſtre dit S. Pere ſera pareillement content, de mettre vn Prelat Lieutenant tel qu'il plaira au au Roy nommer. *Legation de la Marque d'Ancone.*

XV.

Item, Et pareillement noſtre dit S. Pere ſera content, de commettre vn Prelat Lieutenant à la Legation de *Patrimonio* tel que le Roy nommera. *Legation de Patrimoine.*

XVI.

Item, Sera content noſtre dit S. Pere, de mettre Legat en Chápagne, & Maritime, vn Cardinal amy du Roy durant ſon entrepriſe ; Et pour complaire au Roy, noſtre dit S. Pere députera le Cardinal de la *Colomne*.

Le Cardinal Colomne Legat d la Campagne.

XVII.

Item, Pour ce que le Roy a receu en ſa Protection & gaiges, le Seigneur Préfect de Rome, Que par noſtre dit S. Pere, il ne luy ſoit ne contre ſon Eſtat, ne à ſes biens quelconques, rien innoüer, ne attenter pour quelques cauſes faictes le temps paſſé, par ledit Sieur, tant que noſtre dit S. Pere, & tant contre ſes parens : Et pareillement ne fera noſtre dit S. Pe-

Préfect de Rome.

re, & tant cótre ſes parents: Et pareillement ne fera noſtre dit S. Pere contre nulles gens, tant Eccle-
ſiaſtiques que Seculiers, ne à pri-
uées Communautez, ne quelques
perſonnes quelconques, de quelque eſtat ou condition qu'ils
ſoient, leſquels auroient gages dudit Sieur ou autrement, ou qu'ils
euſſent fait ſeruice au Roy, contre
le commandement de noſtre dit
S. Pere, ne à iceux auroient donné faueur, ayde, & victuailles;
Que à tous ceux ſoit faicte remiſ-
ſion ſpeciale, & autres vniuerſa-
le: Leſquels de preſent le Roy reçoit en & ſouz ſa protection &
ſauue-garde.

XVIII.

Item, Et au regard des quarante mille ducats que noſtre dit

S. Pere dit auoir audit Sieur parfait, & pareillement quelques autres biens & prisonniers, qui disent auoir prins: Le Roy prend le differend entre ses mains, pour en appointer dedans quatre mois.

XIX.

Iulian de la Rouere Cardinal, Legat d'Auignon depuis Pape Iules II.

Item, Que Monsieur le Cardinal *Sainct Pierre ad Vincula*, soit entierement restitué en sa Legation d'Auignon, & à toutes & chacunes ses choses, comme chasteaux, lieux, places, terres, Seigneuries, que pardeuant luy auroient esté concedées, tant par nostre dit S. Pere, que par ses predecesseurs; Et tout ainsi que parauant il en iouïssoit, & que tout en cas que besoin seroit de nouuel, luy soit gardé & confirmé; Et qu'il ne se puisse dés ores, mais en quelque maniere que ce soit irriter ne reuoquer.

XX.

Item, Et que touchant le fait du *Cardinal de Gerse*, noſtre dit S. Pere priera Meſſieurs du College, à ce qu'il ſoit payé de ſon Chappeau, abſent comme preſent: Et luy confirmera n Conſiſtoire, la reſeruation & prouiſion qui luy eſt faicte de l'Eueſché de Mets, Et pareillement de Beſançon.

Le Cardinal de Gerſe.

Eueſché de Mets & Beſançon.

XXI.

Item, Et quand le Roy y ſera en perſonne, toutes les Roques luy ſeront ouuertes, pour loger ce que bon luy ſemblera, excepté le Caſtel ſainct Ange.

I iiij

XXII.

Item, Et par tous les lieux desfusdits, le Roy, sesdits gens & armées, Seront asseurez, comme és propres lieux & portes de son Royaume de France, & promet ledit Sieur, faire traitter les sujets de nostre dit S. Pere benignement & doucement.

XXIII.

Item, Que toutes les terres & places qui sont au territoire de l'Eglise seront renduës & restituées, dedans douze iours : c'est à sçauoir à nostre dit S. Pere, celles qui sont en sa Sainɛteté, & les autres, à ceux qui les possedoient, excepté toutesfois les places & roques, qui appartiennent aux ennemis du Roy, & qui de present tiennent party à luy contraires, & qui donnent confort ne ayde au *Roy Alphonse*.

Le Roy Alphonce.

XXIV.

Item, Au regard de *Ciuita Vechia*, & autres places que nostre dit S. Pere baillera au Roy pour sa seureté, elles demeureront entre les mains du Roy selon les articles qui en font mention.

XXV.

Item, Et pardonnera nostre dit S. Pere à tous ceux qui ont baillé aucunes desdites terres, & qui ont seruy le Roy, c'est à sçauoir, ceux *D'aiguependante*, *Monflascon* & *Besaine Viterbe*, & autres lieux sãs les inquieter ne molester en leur estat ne offices en quelque maniere que ce soit.

Aquapendente.
Mõtflascon.
Viterbe.

XXVI.

Item, Nostre dit S. Pere sera content de restituer tous Messieurs les Cardinaux, amis & seruiteurs du Roy, en tous leurs priuileges, libertez, estats & dignitez, Offices, Benefices, terres, graces & droicts, sans ce que à l'occasion des choses qui ont esté faictes le temps passé, que l'on ne les puisse inquieter ; ne aucune chose leur demander parmy ce qu'ils promettent à nostre dit S. Pere, estre bons & loyaux, & obeissans à sadite Saincteté, comme bons Cardinaux doiuent faire par droict & raison, sans desroger aux choses cy-dessus escrites.

XXVII.

Item, Nostre dit S. Pere sera

content, de remettre & pardonner toutes les offences qui luy pourroient auoir esté faictes, par les Barons & Seigneurs Coulonnois, leurs villes & victuailles, Geronime Destoutes-villes, & autres sujets de sa Saincteté, & les remettre par nostre dit S. Pere en leurs estats, biens & offices. Et pareillement le Roy de sa part sera content, de pardonner aux Seigneurs Vrsins, Jacobo Conte, & autres Comtes & Barons, les offences passées par eux faictes contre luy, reserué les deniers qu'il a pris du Roy, & non compris en ce present traicté, la question que les Seigneurs Coulonnois ont contre ledit Iacobo Comte.

Barōs des Colonnes.

Hierosme d'Estouteville.

Seigneurs de s Vrsins ennemis du Roy Charles VIII. en Italie.

XXVIII.

Item, Constituera le Cardinal

de *Sauelle* en la Legation de Ducato de Spoleto ainſi qu'il eſtoit cy-deuant.

Cardinal Sauelly Legat de Spolete.

XXIX.

Item, Autant que touche les Sieurs Coulonnois, Sauelles, Vitelles, Geronimo d'Eſtouteuille, des Comtes & autres Barons & amis du Roy, noſtre S. Pere, les reſtituera, en tous leurs Eſtats, Offices & biens quelconques tout ainſi qu'ils eſtoient par cy-deuãt.

Les Colonois Sauelles. Vitelles. D'Eſtouteuille, Barons d'Italie, amis de la France.

XXX.

Item, Sera content noſtre dit S. Pere, de deſlier & quitter les Cardinaux qui le demanderont, & feront demander de l'obligagation par eux faicte, par laquelle ils eſtoient obligez, d'eux non abſenter, ne partir de Rome, ſans le congé de noſtre dit S. Pere. Et auſſi par l'obligation de le ſuiure s'il partoit de Rome, & de tout le contenu en ladite Bulle, & pourront demeurer ou eux en aller ou bon leur ſemblera, ſans ce que noſtre dit S. Pere les reuocque, & contraigne de venir contre leur volonté.

XXXI.

Item, Que le Roy à ſon departement baillera à noſtre dit S. Pere la Cité de Rome, & pareillement les clefs, portaux & ponts d'icelle laquelle ſa Saincteté luy auoit baillé.

XXXII.

Item, Le Roy ne demandera point ledit Chaſteau S. Ange à noſtre dit S. Pere, ne luy en fera aucune requeste ne poursuitte.

XXXIII.

Item, Le Roy fera obeissance en personne à nostre dit S. Pere auant son departement à Rome toutes les choses dessusdites accordées.

XXXIV.

Item, Et promettra le Roy de non offendre nostre dit S. Pere, en temporel ne spirituel, & se autant à l'occasion des choses qu'il luy a octroyé, luy vouloir courir sus, de luy ayder, & deffendre enuers tous & contre tous.

XXXV.

Item, Et pareillement, nostre dit S. Pere, Messieurs les Cardinaux & peuple Romain, prometteront de leur pouuoir, & garderont deffendre le Roy, & toute sa compagnie, qu'il ne permettront ne souffriront que aucun outrage ne soit fait, ne procuré directemēt ou indirectement, qu'il ne donneront ayde ne faueur à ses ennemis, en gens d'armes, ne argent en quelque façon que ce soit.

XXXVI.

Item, Et entant que touche l'entretenement des articles du Conclaue, nostre dit S. Pere sera content de remettre ceste matiere, à la venuë de sa Saincteté & du Roy, pour par eux en estre ordonné. Fait le quinziesme iour de Iāuier 1494. Signé, ROBERTET. 1494.

6. **LA VILLE EST DEPOVRVEVE**] ROME, ceste ville celebre qui est capitale de l'Estat Ecclesiastique, & qui a commandé à vne grande partie de la Terre ; l'on peut voir sa description tres-exacte chez les Autheurs qui ont traicté de la Geographie. Vn de ceux qui ait mieux reüssi, a esté François Albertin Florentin, en son œuure *des Merueilles de la nouueille & vielle Rome*, qu'il dédie au Pape Iules II. l'an 1509. & qu'il composa dans la ville de Rome estant au seruice du Cardinal de S. Sabine.

Opusculum de Mirabilibus, Noua & veteris Roma.

LE SAC DES LANSKENETS] Rome a esté ruinée & prise plusieurs fois : Neron commanda qu'on y mist le feu, & la vit brusler durāt six iours, afin d'auoir l'honneur de bastir la nouuelle Rome. Souz Athalaric Roy des Gots, elle fut saccagée l'an de grace 410. Et sous Genseric Roy des Vādales l'an 455. Les particularitez de sa derniēre prise sōt amplemēt traictées dās vn discours intitulé, *Historia expugnatæ & direptæ Vrbis Romæ per exercitū Caroli V. Imperatoris, die 6. Maÿ 1527. Cæsaris*

Eadem pag.

Tacite.

Sigebert.

Procope.

1527.

Cæsaris Grollierij. Le Valureux, mais infortuné Prince Charles Duc de Bourbon Connestable de France, l'emporta par assaut, & y perdit la vie. S'estant rangé du party de l'Empereur, il le declara son Lieutenant General en ses armées d'Italie, & ayāt attaqué inutilement les villes de Plaisance & de Florence associées en la Ligue dite Saincte, faicte contre l'Empereur entre le Pape Clement VII. & les Rois de France & d'Angleterre, poussant son dessein plus outre, & estāt assisté des trouppes Allemandes, donna iusques à Rome, assiege le Pape dans le Chasteau S. Ange, & allant inconsiderément à l'assaut, il fut frappé d'vne mousquetade, dont il tomba mort. Les Imperiaux entrerent pesle mesle dans la ville au nombre de quarante mil hommes, la saccagerent miserablement, firent vn grand carnage du peuple Romain, & assiegerent le Pape au Chasteau S. Ange auec quelques Cardinaux, qui furent reduits à vne telle necessité, qu'il ne s'en est point veu gueres de pareille, ius-

K

ques-là que si l'on veut croire la vie de ce Pape; *Vetula lactucas Pontifici expetitas deferens crudeliter suspenditur, Quare cum nullus esset in arce commeatus, paucis diebus tantâ fame Pontifex vrgeri cepit, vt Asininâ Carne Cardinalibus qui aderāt quasi ad epulas inuitatis vesceretur.* Mais enfin il fut deliuré par le moyen du Traicté de Paix qui fut concluë entre l'Empereur & le Roy François Premier principal Mediateur de sa liberté.

Liure 18.   Guichardin dans son Histoire represente sommairement la prise & le sac de la ville de Rome, dont voicy la narration.

Description de la prise & Sac de Rome.   Monsieur de Bourbon se logea le 5. de May auprés de Rome, & auec vne insolence militaire, il enuoya vn Trópette demander passage au Pape par la Cité de Rome pour aller auec l'armée au Royaume de Naples. Et la matinée suiuante estant deliberé ou de mourir ou de vaincre, parce qu'il n'auoit gueres d'autre esperance que celle là en ses affaires, & s'estant auancé du fauxbourg, il commença à y donner vn furieux assaut, & s'auança deuant toutes les compagnies par vn dernier desespoir, non seulement pour ce que s'il ne demeuroit victorieux, il ne luy restoit plus aucun refuge, mais aussi pour ce qu'il luy sembloit que les Lanskenets alloient froidement à l'assaut, fut frappé d'vne arquebusade, duquel coup il tomba mort en terre: Et neantmoins sa mort ne refroidit, ains alluma l'ardeur des soldats, lesquels combattans auec vne tres-grãde vigueur par l'espace de deux heures, entrerent finalement dãs le fauxbourg, à quoy leur ayda bié non seulement, la foiblesse des remparts qui estoit tres-grande, mais aussi la mauuaise resistance que firent ceux de dedans: &c.

Chacun se mit en fuitte, & plusieurs coururent à la foule vers le Chasteau, en sorte que les fauxbourgs entierement abandonnez, demeurerent en proye aux victorieux: Et le Pape qui attendoit au Palais du Vatican quel seroit le succez, entendant que les ennemis estoient dedans, s'enfuit in-

K ij

continent auec plusieurs Cardinaux dans le Chasteau, ou consultant s'il deuoit arrester là où se retirer en lieu seur, par la voye de Rome, *luy qui estoit destiné pour estre exemple des calamitez qui peuuent suruenir aux Papes*: Ayant nouuelle de la mort de Monsieur de Bourbon, & que toute l'armée abaissée de courage desiroit s'accorder auec luy, il laissa mal-heureusement le conseil de s'en aller. Partāt le iour mesme, les Espagnols ne se voyant ny ordre ny conseil, pour deffendre le quartier delà le Tybre, entrerent dedans sans aucune resistance: Et de là ne trouuans plus d'empeschement, le soir mesme à vingt & trois heures, ils entrerent par la porte de Xiste en la Cité de Rome, ou horsmis ceux qui se confioient au nom de la faction, & quelques Cardinaux lesquels pour auoir le bruit d'auoir suiuy le parti de l'Empereur, croioyent estre plus à seureté que les autres, tout le reste de la Cour & de la Cité, comme il se fait en cas si espouuentable estoit en fuitte & en confusion.

Entrez qu'ils furent dedans, chacun commença à courir à la foule au pillage, *sans auoir aucun égard, non seulement au nom des amis, & à l'authorité & dignité des Prelats, mais aussi aux Têples, aux Monasteres, aux Reliques honnorées de l'apport de tout le monde & aux choses sacrées:* Tellement qu'il seroit impossible non seulement de raconter, mais presque d'imaginer les calamitez d'icelle Cité, destinée par l'ordonnance du Ciel à vne merueilleuse grandeur, mais aussi à plusieurs fortunes, parce qu'il y auoit neuf cens quatre vingts ans qu'elle auoit esté saccagée par les Gots. Il est impossible de raconter la grandeur de la proye, pour les richesses qu'il y auoit à monceaux, & tant de choses rares & precieuses des Courtisans & des Marchands: Mais ce qui la fit encore plus grande ce fut la qualité & le grand nombre des prisonniers, qui se deuoient rachepter auec de tres-grosses rançons, Et pour comble de misere & d'infamie, plusieurs Prelats pris par les soldats, mesmement par les Lanske-

K iij

nets, (lesquels pour la haine qu'ils portoient au nom de l'Eglise Romaine se monstroient cruels & insolents) estoient menez à reculons, auec vn tres-grand mépris par toute la ville de Rome, sur des asnes & méchantes mules, reuestus des habits, & auec les enseignes de leur Dignité. Et il y en eut plusieurs tres-cruellement tourmentez, lesquels où moururent és tourmens, où furent traictez de sorte, qu'ils finirent leur vie peu de iours apres qu'ils eurent payé leur rançon.

Il mourut tant à l'assaut qu'à la furie enuiron quatre mil hommes. Les Palais de tous les Cardinaux furée saccagez, hormis ces Palais-là, lesquels pour sauuer les Marchands qui s'y estoiét retirez auec leurs biés, promirent vne tres-grosse somme de deniers : Et quelques-vns de ceux qui composerent auec les Espagnols, furent apres ou saccagez par les Lansquenets, ou contraints de se rachepter encore vne fois. La Marquise de Mantouë composa pour son Palais à cinquante mil ducats, qui furent payez par les marchands & autres qui s'y estoient retirez; & le bruit courut que Ferrand son fils en eut dix mille pour sa part. Le Cardinal de Siene dedié de pere en fils au nom Imperial, apres qu'il eut composé auec les Espagnols, tant pour luy que pour son Palais, fut fait prisonnier des Lanskenets, qui saccagerent son Palais, & puis l'ayant mené à coups de poing, & la teste nuë dans Borgo, il falut qu'il se rachetast de leurs mains auec promesse de cinq mille ducats. Les Cardinaux de la Minerue & Ponsette, souffrirent presque vne semblable calamité : lesquels estans faits prisonniers des Lanskenets, payerent rançon, apres qu'on eut vilainement mené en pourcession, l'vn & l'autre d'entr'eux, par toute la ville de Rome. Les Prelats & Cardinaux Espagnols & *Lanskenets, qui se tenoient pour asseurez que ceux de leur nation, ne leur feroient point de tort, furent pris, & aussi mal traittez que les autres. On entendoit les cris & hurlements miserables des femmes Romaines, & des Religieuses, que les

Lisez Allemans.

K iiij

soldats menoient par trouppes pour saouler leur luxure : *se pouuant dire que les iugemens de Dieu sont cachez aux mortels, attendu qu'il souffroit, que la renommée Chasteté des femmes Romaines, fust ainsi vilainement & miserablement forcée.* On entendoit pas tout infinies plaintes de ceux qui estoient inhumainment tourmentez, partie pour les contraindre de faire leur rançon, partie pour manifester les biens qu'ils auoient cachez. Toutes les choses Sacrées, les Sacremensr, & les Reliques des Saincts dont les Eglises se trouuoient pleines, estans depoüillées de leurs ornemens, gisoient par terre, à quoy s'adjousterent infinies vilenies que faisoient les barbares Lansquenets. La renommée fut, que le sac tant en deniers, qu'or, qu'argent & joyaux, monta à plus d'vn million de Ducats: mais que des rançons on en tira encore bien plus grande quantité, &c.

Ce sont iusques icy les mesmes termes de Guichardin, lequel poursuit les euenemés de ceste memorable prise, & comme le Pape se voyant abandonné de toute esperance, fut contraint de conuenir auec les Imperiaux par vn Accord fait le 6. iour de Iuin; n'ayant pû fleschir l'Empereur Charles V. (Ce grand Catholique & Protecteur du S. Siege) que par vne somme de quatre cent mille ducats, qui seroit leuée sur l'Estat de l'Eglise, dont les principales places seroient mises en sa puissance : le Pape mesme demeurant prisonnier auec treize Cardinaux qui estoient auec luy iusques à l'entiere execution du Traicté.

LA PAVVRETE' OV IL EST, EST GRANDE PLVS QV'EN PAPE QVI FVT DEPVIS CCC. ANS.] C'estoit vn tesmoignage de la perte que Rome auoit soufferte en sa prise, puis que dix apres elle ne s'estoit pû encore remettre Quoi que le Pape Clemēt VII. pour satisfaire aucunemēt à sa captiuité, eust fait fondre tous les ornemens d'or & d'argent pour satisfaire à sa rançon, & qu'il fust venu à ceste extremité, mesme que d'exposer en vente, trois chapeaux de Cardinal, qui ne furent pas suffisans pour assouuir l'auarice du soldat.

7.

Vita Clementis Papæ.

7.

GOVVERNEVR & CONSERVATEVRS.] Ce sont trois Gentilshommes Romains, qui demeurent au Capitole, & ont soin de la conseruation de la ville. Cette Charge est à preset exercée par *les Marquis de Sainéte Croix & Orsino*. Quant au Gouuerneur principal de l'Estat Ecclesiastique, c'est *le Gouuerneur de Rome*, par la mort du Seigneur Vitricé, le Pape Innocent X. a pourueu de ceste charge l'an 1650. Le Seigneur Farnese Archeuesque de Patras, Secretaire de la Cōgregation des Euesques, de la Maisō de Paul III. frere du Duc de Lateri.

Farnese, Archeuesque de Patras.

8.

LE CARDINAL DE SENES LEGAT.] L'illustre Famille de *Piccolomini* a produit sept Prelats qui ont auec honneur gouuerné l'Eglise de Sienne. Le premier de ce nombre fut le celebre Pape Pie II. auquel ont succedé Anthoine, François, Iean, Alexandre & Ascagne Piccolomini, dont le neueu portant ce mesme nom, qui est fils de Silues Piccolomini Grand Maistre de la Maison de Cosme II. grand Duc de Toscane, & petit fils d'Enée & de

Famille de Picolomini.

Victoire Piccolomini est Archeuesque de Sienne en Toscanne l'an 1651. **1651.**
& a pour frere le Braue Octaue Piccolomini Duc d'Amalphi, Cheualier de la Toison d'or, Lieutenant General des Armées du Roy Catholique Philippes IV. dans les Pays-bas, & de l'Empereur Ferdinand III. en Allemagne, qui le crea Prince de l'Empire apres le Traicté de Paix de Nuremberg 1650.

Le Cardinal *de Senes Iean Piccolomini* estoit proche parent des deux Papes Pie II. & Pie III. Ses merites le firent esleuer à l'Archeuesché de Sienne en Toscane l'an 1503. Il fut honoré de la pourpre Romaine par Leon X. 1517. & paruint aux premieres dignitez de l'Eglise, fut Euesque d'Albano, de Preneste, de Porto, & enfin d'Ostie, Doyen du Sacré College l'an 1535. le Pape Paul III. l'enuoya Legat auec le Cardinal Cesarin vers l'Empereur, puis il mourut l'an 1537. & fut inhumé en l'Eglise de S. François Tōbeau de ses Ancestres. Son successeur en l'Archeuesché de Siene a esté *François*

Ferd. Vghellus Italia Sacrę, T. 3.

1537.

Bandini, fils de Montanine Piccolomini sa sœur, & de Saluste Bandini noble Sienois.

8. LE CARDINAL SALVIATI, LEGAT DV PAPE.] Iean Cardinal *Saluiaty*, nasquit à Florence l'an 1490. le 24. iour de Mars du mariage de Iacques Saluiaty, & de Lucrece de Medicis sœur du Pape Leon X. qui le nomma Euesque de Ferrare l'an 1520. & comme il estoit doüé de grand courage, & d'vn excellent naturel, aussi ne degenera-il point de la reputation d'Hippolite Cardinal d'Este son predecesseur : Clement VII. le deputa Legat du S. Siege à la Cour du Roy François I. & de l'Empereur, comme il fut depuis à Parme & à Plaisance. Il eut encore l'Administration de plusieurs Eueschez en Italie auec celuy de Parme, de Fermo, & de Trani. Et le mesme Roy François I. qui luy portoit de l'affection luy fit conferer les Prelatures de S. Papovl, & d'Oleron auec plusieurs Abbayes dans son Royaume.

Sous Paul III. il fut Euesque de Sabine & de Porto, & apres la mort du Souuerain Chef de l'Eglise ayant eu grdāe part aux suffrages de l'Electiō, elle fut trauersée par les brigues de l'Empereur Charles V. à cause de l'al- *Vghellus.* liance & proche parenté qui estoit *T. 2. Italiæ* entre ce Cardinal Saluiaty, & le Roy *Sacræ.* de France Henry II. Enfin il mourut l'vn des riches & plus opulens Prelats qui fust de son temps dans le sacré College, ce qui ne luy a pas acquis tant de reputation, comme l'estime particuliere qu'il faisoit des gens Doctés, qu'il cherissoit & obligeoit auec vne grande liberalité. L'éloquent Sadolet a fait le Panegyrique de ses eminentes vertus. Il receut les honneurs de la sepulture en l'Eglise Cathedrale de Ferrare estant decedé l'an 1553.

1553.

Il eut pour freres *Bernard* Cardinal Saluiaty Euesque de Clermont en Auuergne, & de S. Papoul, grand Aumosnier de la Reyne Catherine de Medicis; Et le Grand *Anthoine Marie* Saluiaty Cardinal, desquels Ciaconio, Vghelli, & les autres Historiens qui traictent de la vie des Cardinaux parlent plus amplement.

C'eſt vn grand honneur & auantage à ceſte Maiſon *de Salviaty*, que la Royale de France en ſoit deſcenduë, celle d'Angleterre, de Sauoye, de Toſcane, & autres grands Princes & Princeſſes qui viuent aujourd'huy dãs l'Europe, à cauſe de la Reyne Marie de Medicis, eſpouſe du Roy de France & de Nauarre Hẽry le Grand, laquelle auoit pour Bis-ayeulle paternelle *Marie Salviaty*, femme de Iean de Medicis, pere de Coſme I. du nom, Grãd Duc de Toſcane.

Genealogie de la Maiſon de Salviaty. Iacques Salviaty & Lucrece de Medicis pere & mere de ce Cardinal eurent vn autre fils Laurens Salviaty lequel de Conſtance de *Comitibus* fut pere de Laurens II. du nom Marquis de Iulian, qui a eu pour fils Iacques Salviaty Duc de Iulian, Chef de ceſte Maiſõ celebre en Toſcane, qui a épouſé *Veronica Cybo* Princeſſe de Maſſe.

9. LE DVC ALEXANDRE DE MEDICIS.] Cet Alexandre, frere naturel de la Reyne Catherine de Medicis,

femme du Roy Henry II. eut pour pere Laurent de Medicis Gouuerneur de la Republique de Florence & du Duché d'Vrbin. L'Empereur Charles V. le crea premier Duc de Florence l'an 1531. luy ayant depuis fait espouser sa fille naturelle *Marguerite d'Austriche*, l'an 1536. Quelques Citoyens trouuans son Gouuernement fascheux à supporter à cause de sa tyrannie, (ce qui à du rapport auec l'affaire que Philippes Strozzy auoit a demesler auec ce Prince, & dont parle souuent Rabelais en ses lettres) mesme Laurent de Medicis son cousin, l'ayant attiré en son logis sous l'espoir de le faire iouïr d'vne noble Florentine, il le fit massacrer l'an 1537. pensant auoir mis, par ce tragique coup sa patrie en liberté, mais il fut deceu de son esperance, parce que le Duc Alexandre n'ayant laissé aucuns enfans legitimes, & seulement vn fils bastard Iules de Medicis, le mesme Empereur Charles V. nomma Duc de Florence *Cosme de Medicis I. du nom*, qui fut honoré depuis du til-

I. Nestor Hist. de la maison de Medicis.

1537.

tre de Grand Duc de Toscane par le Pape Pie V. l'an 1570. Et se rendit celebre parmy les Princes d'Italie.

Genealogie de la Maison de Medicis.

Du mariage de Leonor de Tolede sa premiere femme sortit entre-autres enfans, *François* Grand Duc de Toscane pere de la Reyne de France Marie de Medicis. *Ferdinand* I. Grand Duc de Toscane frere de François, s'allia par mariage auec Chrestienne de Lorraine dont il delaissa le Duc *Cosme* II. lequel de Marie-Madelaine d'Austriche a procreé *Ferdinand* de Medicis II. du nom, à present Grand Duc de Toscane, marié à Victoire de la Roüere Mont-Feltre fille & heritiere du Prince Federic Vbalde Duc d'Vrbin & de Claude de Medicis dont il a des enfans; Ces freres sont Iean Charles Cardinal de Medicis creé par le Pape Innocent X. & les Princes François & Mattias de Medicis qui ont eu pour sœurs Marguerite femme d'Edouard Farnese Duc de Parme, Marie Chrestienne & Anne de Medicis.

Ceste Maison Ducale porte *d'or à cinq Tourteaux de gueulle 2.2.1. le sixiesme me en chef chargé de trois fleurs de Lys d'or,* Pierre de Medicis Gouuerneur de la Republique de Florence, ayant receu à faueur particuliere du Roy Louis XI. qui luy enuoya le Tourteau de France semé de fleurs de lys ce qu'a retenu ceste Famille iusques à present.

PHILIPPES STROSSY, LE PLVS RICHE MARCHAND DE LA CHRESTIENTÉ.] Rabelais est mal instruit faisant paralelle de la Famille des Fourques d'Ausbourg, auec celle de *Strozzy*, Maison illustre de Florence, lors qu'il rapporte que ce Philippes Strozzy duquel le Duc Alexandre de Medicis vouloit confisquer les grands biens, estoit estimé le plus riche Marchand de la Chrestienté, il n'y à pas lieu de croire qu'il fust de ceste Tige, laquelle estoit si considerable par ces celebres Capitaines Pierre & Philippes Strozzy, & par les Alliáces qu'elle prenoit en la Maison de Medicis.

9.

Philippes Strozzy I. du nom Cheualier Florentin, eut à femme Clarice de Medicis, tante de la Reyne de France Catherine de Medicis & d'Alexandre

Genealogie de la Maison de Strossy.

L

Duc de Florence ; Elle estoit aussi petite niepce du Pape Leon X. De ceste Alliance sortirent *Pierre Strossy*, surnommé le Grand, Mareschal de France, Lieutenant General du Roy Henry II. en Italie mort au siege de Thioüille 1557. & *Laurent Strossy* creé Cardinal par le Pape Paul III. Euesque de Beziers, d'Alby, & enfin Archeuesque d'Aix. Auquel temps viuoit aussi *Philippes Strossy* Colonel General de l'Infanterie de France, qui mourut au seruice du Roy de France Henry III. l'an 1583. estant General d'vne armée navale cõtre les Espagnols en la guerre de Portugal. *Alfonsine Strossy* sa cousine, proche parente de la Reyne Catherine, fut alliée auec Scipion de Fiesque Comte de Lauagne Chevalier d'honneur de la mesme Princesse: Et de ceste alliance sont issus les Comtes de Fiesque en France, Barons de Bressuire en Poictou.

La Maison *de Strossy* paroist encore aujourd'hay dans la Toscane où elle possede les premieres charges de l'Estat comme elle a fait dans l'Eglise.

1557.

M. S. des Familles nobles d'Italie.
1583.

Fiesque.

Car outre le Cardinal Stroſſy, Alexãdre a eſté Eueſque de Volterra 1565.
Robert Stroſſy Eueſque de Fieſole,
Alexandre neveu du Cardinal Bandini Archeueſque de Fermo, vn autre de meſme nom Eueſque de Sainct
Miniato, & Robert Strozzy frère
d'Alexandre Eueſque de Colle l'an
1638.

   Ceſte famille porte en ſes armes,
*d'or à la faſſe de ſable, chargée de trois
croiſſans tournes d'argent.*

   LES FOVRQVES D'AVSBOVRG EN *Ead. pag.*
ALLEMAGNE.] La Famille des Fou-
cres ou Fuggers, *Fuggerana*, eſt maintenant aſſez conſiderable en Allemagne au Dioceſe de Conſtance où elle
poſſede les Baronnies de Kircberg &
de Vveiſſenhorn. Leur premiere reſi-
dance eſtoit en la ville d'Auſbourg, &
il y à enuiron cent cinquante ans que
c'eſtoient les plus riches Marchands
d'Allemagne. Par la gratification de
l'Empereur, ils furent honorez de la
dignité de Barons l'an M. D. X. és per-   1510.
ſonnes de Raymond Foucre Baron de
Kircberg & de Vveiſſenhorn, & d'An-

L ij

thoine Fugger qui eut pour petit fils Iacques Euesque & Prince de Constance l'an 1604.

Ce qui apporte plus d'esclat à ceste Maison, c'est qu'elle a pris Alliance auec les meilleures Maisons d'Allemagne à sçauoir des Comtes de Zollern de Schuuartzemberg, d'Ebersteyn de Koningseck de Montfort, d'Ottingen, de Trucses, des Barons de Madruce, des Comtes de Lodron, & autres qui sont des plus qualifiées de la Bauiere.

10.

LE CARDINAL CIBO SON GOVVERNEVR.] Innocent Cybo Cardinal du S. Siege, Euesque de Marseille, Legat de Bologne & de la Romagne receut la pourpre de son oncle le Pape Leon X. en la promotion qu'il fit l'an

1513.

1513. luy donnant le mesme chappeau qu'il auoit eu lors qu'il fut Cardinal, auec ces paroles. *Innocent Cybo mi die de questo Capello, proprio Edio, ad Inno-*

Ciaconio.

tio Cybo lo restituisco. Ce Cardinal se monstra contraire à la resolution, que ses Confreres assemblez à Parme, auoient prise de transporter le S. Siege en Auignon à la priere du Roy François I. pendant la prison du Pape Clement VII. il conserua l'Estat de Florence apres la mort du Duc Alexãdre son Cousin germain, le gouuernemẽt de ceste Republique, luy ayant esté offert sa vie durant, il le refusa auec grande modestie. S'estant signalé dans les Legatures de Bologne, Parme & Plaisance, ayant eu bonne part en l'amitié du Roy Fraçois I. & de l'Empereur Charles V. & apres auoir negotié l'élection de Iules III. il mourut à Rome le 13. Avril 1550. & gist au milieu de l'Eglise de la Minerue, ayãt esté en son temps le premier d'Italie en reputation d'esprit & de courage.

1550.

Ce Cardinal Cybo posseda les Archeueschez de Gennes & de Thurin, celuy de S. André en Escosse, les Eueschez de Marseille, d'Albenga & autres, auec les Abbayes de S. Victor de Marseille, & de S. Oüen de Roüen par la gratification de nos Roys. Il auoit pour pere *François Cybo* Comte de l'Anguillare & de Ferentillo, General de l'Eglise Romaine souz le Pa-

Relation du voyage de Pologne par M. le Laboureur.

pe Innocent VIII. son pere, & pour mere Magdelaine de Medicis sœur de Leon X.

Genealogie de la Maisõ de Cybo.

Laurens Cybo Comte de Ferentillo General de l'Estat Ecclesiastique, frere d'Innocent Cardinal Cybo, espousa *Richarde Malespine* Marquise de Masse & de Carrare, dont il procrea, *Alberic Cybo* Malespina, Prince du S. Empire & de Masse, Duc d'Ayello, Marquis & souuerain Seigneur de Carrare, de Ferentillo; qui espousa deux femmes, *Elisabet de la Roüere* fut la premiere, elle estoit fille de François Marie Duc d'Vrbin, de laquelle descendit le Prince Alderamo Cybo, de la seconde Isabelle de Capoüe sœur de Ferrant Duc de Termoli sortirent aussi des enfans.

Alderamo Cybo Marquis de Carrare, fut vn tres-genereux Prince, & qui posseda tous les Arts Nobles dignes des occupations d'vne personne de sa naissance. Il mourut l'an 1606. ayant esté marié auec *Marfise d'Est* fille de François Marquis de la Massa en Romagne, cousine du Duc Alfonse de

Ferrare. Il laiſſa d'elle cinq enfans, l'aiſné fut :

Charles Cybo Prince de Maſſe, Marquis & Souuerain de Carrare, lequel de *Brigida Spinola* ſœur de la Ducheſſe de Turſis, & couſine du Duc d'Oria a eu douze enfans. Les aiſnez ſont Alberic Cybo, & Aldèramo Cybo Cardinal Legat du Duché d'Vrbin.

Alberic Cybo Marquis de Carrare, s'eſt allié auec la Princeſſe *Faluie Pic de la Mirande*, fille du Duc Alexandre & de Laure d'Eſt de Modene, dont il en à le Prince Charles Cybo II. du nom, Alexandre Iean Baptiſte, Ferdinand & autres ieunes Princes.

LE SOPHY ROY DES PERSES.] II. *Thaamas* Roy de Perſe fils d'Iſmaël Sophy I. du nom dit le Grand, deſcendu par la ligne des femmes du renommé *Vſum Caſſan*. Il naſquit l'an 1508. & ſucceda aux Eſtats de ſon pere 1525. auſſi bien qu'à la haine mortelle qu'il auoit eu pendāt ſa vie cōtre l'Empereur des Turcs : Ayant denōcé la guerre à Solyman fils de Selim, il entra dans la Perſe, & ſaccagea la ville

1508.

L iiij

de Tauris, dont le Sophi eut bientoſt la reuanche, ayant deffait toute l'armée du Turc pres la ville de Betelis l'an 1536. C'eſt de ceſte fameuſe bataille (dont fait mention *Rabelais* en ceſte lettre) dans laquelle ſelon qu'il eſcrit à l'Eueſque de Maillezais, quarante mille Turcs à cheual, & ſoixāte mille fantaſſins perdirent la vie, ce qui reuient à cent mille hommes; Eſchec qui fut cauſe de la Paix arreſtée entre Solyman & le Sophy. Depuis il donna retraitte en ſes Eſtats, au Prince Bajazeth, ce qui attira les forces du Turc dans la Meſopotamie, où elles furēt defaictes auec aduantage en pluſieurs autres rencontres. De tout cecy eſt faicte mention dans l'Annaliſte Iean de Perſe. Apres auoir regné cinquāte vn an il mourut le 11. de May 1576. au 68. de ſon âge, delaiſſant des quatre femmes qu'il eſpouſa vne grande poſterité, qui a herité & poſſede encore le Royaume de Perſe. *Kaa Sophi Miriſes* ayant le Souuerain gouuernement de cet Eſtat l'an 1642.

MONSIEVR DE VELY AMBASSA-

Hieronymi Henninges Theatrum Genealog. T. 4.
1536.

1576.

DEVR POVR LE ROY VERS L'EM- PEREVR.] *Claude Dodieu* Lyonnois sieur de Vely, Abbé de S. Riquier en Picardie, fut Maistre des Requestes de l'Hostel du Roy François I. qui l'enuoya son Ambassadeur vers le Pape Paul IV. Par la faueur de ce Prince il fut pourueu de l'Euesché de Rennes en Bretagne l'an 1541. apres le deceds d'Yues Mahyeuc. Sa mort aduint l'an 1558. à Paris, & fut inhumé aux Celestins. Guillaume du Bellay Seigneur de Langey au Liure 5. de ses Memoires raporte amplement les negotiations du mesme Seigneur de Vely, lors qu'il estoit Ambassadeur du Roy François I. vers l'Empereur Charles V. Il portoit pour armes *d'azur à la bande d'argent accompagnée de deux Lyons de mesme*, & eut pour successeur Bertrãd de Marillac, frere de Charles Archeuesque & Comte de Vienne.

LA GRANDE VILLE DE TAVRIS.] Elle est capitale de la grãde Medie, nõmée diuersemẽt par les autheurs *Tauris*, & par les Turcs *Tebris*. C'est l'ancienne Ecbatane suiuant l'auis d'Ortelius, &

Edd, pag.

Gallia Christiana.

1558.

11.

de plusieurs autres. Sa situation est au pied du mont Oronte, qu'elle à du costé du Nord. est estoignée de la mer Caspie de huict iournées à la Perse au Midy, & les Monts Caspies au couchant ; elle est peupleé d'enuirō deux cens mil ames, selon l'opinion de Minado. Et l'an 1607. elle contenoit de tour vingt-quatre milles, ou huict de nos lieuës, mais à present son ancienne description se trouueroit icy fausse. Ceste ville est fort riche à cause du trafic des soyes du drap d'or, & des pierreries.

Liure 8.

13. IL FAIT MAVVAIS PARTIR SON OST DEVANT VICTOIRE, &c.] Ce fut contre l'auis & le conseil des plus experimétez Capitaines, & Generaux de l'armée Françoise, (mesme de cet Heros incomparable Louis II. Sire de la Tremoille, Vicomte de Thoüars, Prince de Talmont, auquel Guichardin donne ce digne Eloge, qu'il estoit *le premier Capitaine du monde.*) Que le Roy François I. estant campé deuant Pauie, qu'il attaquoit viuement, se confiant au nombre de ses trouppes,

La Tremoille.

& ayant deliberé d'assaillir le Royaume de Naples, partagea son armée, dont il donna partie à commande, au Duc d'Albanie: Ceste diuersion ayant diminué de beaucoup ses forces, cela donna occasion à l'armée Imperiale de se fortifier, pour tenter de jetter du secours dans Pauie, qui estoit reduite aux extremitez. Ce fut en ce rencontre que sa Majesté estant obstinée à ce siege, se reposoit du gouuernement de l'armée sur l'Admiral, & prenoit ordinairement conseil d'Anne de Montmorency, & de Philippes Chabot Seigneur de Brion, personnes qui luy estoient agreables, mais de petite experiéce au fait de la guerre; en sorte qu'il se laissa persuader à donner la Bataille de Pauie le xxv. de Fevrier feste de S. Mathias, journée mal-heureuse, où sa plus genereuse Noblesse perdit la vie, & ce grand Prince la liberté; comme remarque excellemment François Guichardin en son Histoire, où il represente les conseils & resolutions qui furent prises auant le combat.

Iournée de Pauie.

1525.

Liure 15.

MONSIEVR D'ALBANIE.] Iean *Stuart* Duc d'Albanie, Regent d'Escosse, Comte de la Marche en Angleterre, Cheualier de l'Ordre de S. Michel, estoit fils d'Alexádre *Stuart* Duc d'Albanie, Prince de l'Isle de Man & du sang Royal d'Ecosse, Comte de la Marche, Grand Admiral d'Escosse & d'Anne de la Tour dicte de Boulogne: Cet Alexandre auoit pour pere Iacques II. Roy d'Escosse, & pour frere Iacques III. aussi Roy d'Escosse, auec lequel il disputa la Couróne, chacun d'eux pretendant estre l'aisné, d'autát qu'ils estoient gemeaux, & qu'on doutoit lequel estoit né le premier.

Ce Duc d'Albanie seruit le Roy François I. en Italie auec beaucoup de valeur, & mourut l'an 1536. sans enfans d'Anne de la Tour, dite de Boulogne Comtesse d'Auuergne, & de Lauraguais, fille de Ieá III, Comte d'Auuergne, & de Ieanne de Bourbó. Il eut pour niepce du costé maternel Catherine de Medicis Reyne de Fráce, fille de sa belle sœur Magdelaine de la Tour Duchesse d'Vrbin.

La Branche aisnée masculine de la Royalle Maison d'Escosse du nom de Stuart, ayant finy en la personne de Marie Reyne d'Escosse depuis Doüairiere de France, *Henry Stuart* Duc d'Albanie Seigneur d'Arnley issu de la mesme Tige; fut appellé à la Couronne d'Escosse, par le mariage qu'il contracta auec la Reyne Marie, & fut pere de *Iacques* Stuart I. du nom, Roy de la Grande Bretagne, qui eut pour fils *Charles* I. Roy d'Angleterre, d'Escosse & d'Irlãde, espoux de Henriette Marie de France, fille du Roy Henry le Grand. Aux Estats duquel a succedé l'an 1648. Charles II. du nom Roy de la Grande Bretagne que Dieu restablira quelque iour dans le Throne de ses Ancestres, qui est occupé maintenant sous le tiltre d'vne Republique naissante par des Sujets rebelles.

1542.
Carre Genealogique de la Maison de Stuart.

Rois d'Angleterre de la Maison de Stuart.

1648.

Reste vne autre Branche de la Maison de Stuart, qui a donné origine aux Ducs de Lenox en Angleterre, & aux Seigneurs d'Aubigny en France.

BARBEROVSSE S'EST RETIRÉ A   12.

CONSTANTINOPLE.] Hariaden Barberousse Roy d'Alger & Admiral des Mers du Turc, a esté l'vn des fameux Capitaines qui ait seruy le Grād Seigneur dans ses armées. Son nom Hariaden signifie en langue Turquesque vaillant, les autres l'appellent communémēt *Barberousse*; il prit naissance dans l'Isle de Metelin, & dés sa premiere jeunesse s'adonna à pirater sur la mer, cōbatit plusieurs fois auec auantage contre les Chrestiens, & enfin s'empara de la forte place d'Alger. Selim pere de Soliman Empereur des Turcs, l'auoit cognu pendant sa vie, & auoit accoustumé de s'entretenir auec luy par des presens qu'il luy enuoyoit.

S'estant donc acquis vne haute reputation de valeur, Soliman le conuia par ses Ambassadeurs enuiron l'an 1533. de venir à Constantinople, où il fut receu auec grād appareil, & honoré par ce Prince du Souuerain Gouuernement, & du commandement des armées de la Mer, auec vne pension annuelle de quatre vingt mille flo-

Leunclauius l.18.

Vie de Barberousse.

1533.

Annales de Turquie.

rins : & encore fut gratifié de la Charge de Vizir fort considerable parmy ceux de ceste nation ; puis ayant la Dignité d'Admiral de la mer de l'Empire Ottoman, il paruint enfin à la Pourpre, ayant succedé à son frere *Paulus Iouins l. 6.* aisné au Royaume d'Alger selon le sentiment de l'Euesque de Nocera. *Elogiorum. Hist. l. 33.*

Tant y à que sortant du port de Constantinople auec cent voiles, il porta vne telle terreur de son nom, 1534. par toutes les Isles de la Mer Egée, & dans les places que tenoient les Chrestiens, qu'il les asseura au seruice de Soliman : Et donna telle peur à la ville de Naples, que s'il l'eust attaquée dãs sa consternation, il s'en fust rendu facilement le Maistre, ayant saccagé en ce Royaume les villes de Fundi, de Terracine, & l'Isle de Prochida. Rome capitale de l'Italie trembla à ses approches, mais il ne sceut pas profiter d'vne si belle occasion, puisque par vn conseil peu auisé, il aborde en Affrique, chasse Mulei Roy de Tunis qui disputoit auec son frere pour ceste Couronne, occupe le Royaume au nom de Soliman; qui n'en jouiſt pas long-temps, Muleaſſes ayant eſté reſtably par l'Empereur Charles V.

Il ne fuſt pas ſi heureux à l'expedition de la priſe de la Goulette par cet 1535. Empereur, qui le contraignit de ſe rétirer honteuſement, & ſe ſauuer à Alger; ayant reſtably ſa flotte il préd la ville d'Hippone, trauerſe la mer, en faiſant de grandes cruautez ſur les Chreſtiens par tous les lieux où il s'arreſta, & enfin ſe rendit à Conſtantinople: d'où il partit quelques années 1537. apres, & ayant fait vne deſcente à Brindiſi au Royaume de Naples, ceſte partie de l'Italie reſſentit encore de funeſtes marques de ſa fureur. Depuis 1538. auec vne grande hardieſſe, il attaqua l'armée naualle des Chreſtiens, conduite par le renommé Capitaine Doria, & luy donna la chaſſe.

Enfin pour dernier exploict militaire de ſa vie, la guerre ayant eſté renou-1543. uellée entre le Roy François I. & Charles V. Soliman enuoya au ſecours du premier; le meſme *Barberouſſe* Roy d'Alger, ſous la conduite d'Anthoine d'Anthoine Iscalin Adheimar Baron de la Garde, Ambassadeur de sa Maesté à la Porte du grand Seigneur. Ce fut en ceste expedition qu'ayant consommé beaucoup de temps, deuant la forte Citadelle de Nice en Sauoye, qu'il ne peut prendre; enfin à la priere du Roy qui fut sollicité par le Pape d'entendre à la paix; il se retira auec l'escorte du Baron de la Garde, & vint enfin terminer le cours de sa vie le 4. iour de Iuillet à Constantinople l'an 1547. en âge presque octogenaire ayāt acquis la reputation de vaillant Capitaine : son fils Asanes luy succeda au Royaume d'Alger, lequel assista au Siege de Malthe auec trente galeres 1565. pour le seruice du grand Seigneur. Paul Ioue Leunclauius & Héry de Sponde, Euesque de Pamiez en ses Annales de Baronio qu'il a continuées font souuent mention de Barberousse, & raportent plusieurs particularitez de sa vie.

Cesar de Nostradame 7. part. de l'Hist. de Prouence.

1547.

Algiræ Reg. Historia.

MONSIEVR DE BASILLAC.] Ce pourroit estre Iean de Basilhac Conseiller au Parlement de Thoulouse,

16.

M

Dyptiche Carcaſſonenſes. lequel fut eſleu Eueſque de Carcaſſone apres Hugues de Voiſins; mais ceſte élection n'eut pas lieu ayant eſté rejettée enuiron l'an 1522. que Martin de S. André fut appellé pour gouuerner ce Dioceſe; qui a pour Eueſque à preſent Meſſire Vital de l'Eſtang Conſeiller du Roy en ſes Conſeils, ſucceſſeur de ſon Oncle Criſtophle de l'Eſtang 1621.

18. LES ESCVS QVE SON PERE LVY LAISSA.] Alfonſe I. Duc de Ferrare, Modene & Rege, Marquis d'Eſt Côte de Carpi, fils d'Hercules I. Duc de Ferrare & de Leonor d'Arragon, fut vn Prince de grand courage qui vain-

1509. quit ſur mer les Venitiens l'an 1509. & eut de grandes guerres contre les Papes Iules II. & Leon 10. ſur leſquels il demeura touſiours victorieux, eſtāt aſſiſté de la faueur de Louis XII.

Giouanne Battiſta Pigna Hiſt. d'ella Famiglia de Principi d'Eſte. Roy de France. Il tranſigea auec le Pape Clement VII. & luy promit qu'à faute d'hoirs maſles legitimes, Ferrare retourneroit à l'Egliſe, ce qui eſt aduenu apres le deceds d'Alfonſe II. Duc de Ferrare ſon petit fils, &

ous le Pontificat de Clement VIII.

Il mourut l'an 1534. ne laiſſant aucune lignée d'Anne Sforce ſa premiere femme. De la ſeconde *Lucrece Borgia* naſquirent le Duc Hercules II. duquel eſt parlé cy-apres ; Hippolite Cardinal d'Eſt & de Ferrare, Archeueſque Prince d'Arles & de Milan, Protecteur de France à la Cour Romaine ſouz le Regne du Roy Henry II. fut amateur des hommes doctes, & mourut 1572. De la troiſieſme femme qu'aucuns, ont voulu dire auoir eſté ſeulement ſa concubine, *Laura Euſtochia* iſſuë de Ferrare ; le Duc Alfonſe procrea vn fils naturel portant le nom du pere, qui fut Marquis de Montechio, & prit alliance auec Marie de la *Rouere* fille du Duc d'Vrbin : Son fils aiſné Ceſar d'Eſt confirmé Duc de Modene & de Rege par l'Empereur Rodolphe, & fait Prince de l'Empire, auant le droict de ſon couſin le Duc Alfonſe II. qui l'inſtitua ſon heritier en la Duché de Ferrare, fut contraint de quitter ſes pretenſions au Pape Clement VIII. De Virginie de

1534.

Genealogie de la Maiſon d'Eſt.

Ducs de Modene. Medicis son espouse, il procrea entre-autres enfans, Alfonse d'Est Duc de Modene, lequel d'Elisabeth *de Sauoye* fille du Duc Charles Emmanuel, a eu vne feconde posterité de Princes & Princesses: François son fils qui est à present Duc de Modene & de Rege, a pris alliance dans la Maison de *Farnese* Aldobrandin. Son frere Renaud Cardinal d'Est, est Protecteur de France sous le Roy Louis XIV. ayant comme herité de ceste charge, qu'à si dignement possedé son arriere-grand Oncle Hippolite Cardinal de Ferrare.

18. LE PARTY DV ROY.] François I. surnommé le Grand, pour les vertus heroiques de Valeur joinctes à la Clemence, à la Magnificence & liberalité, qui se faisoient admirer en la prestâce & beauté de corps. Estant Duc de Valois & de Bretagne, & presomptif heritier de la Couronne, il succeda au Roy Louis XII. l'an 1515. Signalant son aduenement par la memorable bataille de Marignan, qu'il gaigna en personne, & où sa Majesté combatit auec vne valeur nompareille, ce qui

1515.

Du Bellay.

luy ouurit facilement le chemin, à la conqueste du Milanez, & des principales places de la Lombardie. Depuis il arresta la paix auec le Pape Leon X. l'Empereur, Roy d'Espagne & celuy d'Angleterre, qui fut bié tost rompuë, le Duc de Bourbon s'estant reuolté contre son Souuerain, tout le Milanez luy ayant esté enleué; François I. s'achemine en Italie, où ayant donné la funeste bataille de Pauie, le Monarque y fut pris prisonnier, & mené en Espagne, apres auoir esté liberé au moyē d'vne excessiue rançon par le Traité de Madrid. La guerre se renouuela depuis contre l'Empereur dans la Picardie, le Roussillon & l'Italie, où pour comble des trophées de ce Prince François, le magnanime Comte d'Anguyen gaigna la bataille de Cerisolles en Piedmont. *Guichardin.* *Paul Ioue.*

Plusieurs excellens Historiens ont décrit le regne de ce grand Prince qui mourut l'an 1547. dont les plus celebres sont Guichardin. Paul-Ioue, Sleidan, & du Bellay. Le Roy Henry II. son fils qu'il eut du mariage de *Thuanus.* 1547.

Claude de Fráce fut pere des derniers Rois de la brāche de Valois, finis en la personne d'Henry III. Roy de France & de Pologne; Mais de nos iours ceste genereuse Tige s'est renouuelée en la naissance du ieune Duc de Valois, fils de son Altesse Royale Gaston Iean-Baptiste de France Duc d'Orleans.

1650.

MONSIEVR DE LIMOGES AMBASSADEVR POVR LE ROY A FERRARE.] C'estoit Iean de Langeac Euesque de Limoges, issu d'vne tres-noble Famille en Auuergne, qui est à present éteinte Françoise heritiere de Langeac, ayant porté les biens de cette Maison dans celle de la Rochefoucaud par son mariage contracté auec Iacques de la Rochefouchaud, Sieur de Chaumont, & Baron de Langeac.

18.

Ce Prelat eut pour pere & mere Tristan Seigneur de Langeac, & Anne d'Alegre. Il fut premierement Maistre des Requestes sous le regne de François I. puis Abbé de Pebrac en Auuergne, Preuost de l'Eglise de Brive, & enfin pourueü de l'Euesché d'A-

Tabularium familiae de Langhac.

uranches. Pour ses seruices il fut gratifié de la Prelature de Limoges, apres Antoine de Tende de Lascaris. Sa capacité luy fit exercer pour son Roy plusieurs Ambassades vers les Princes Estrangers, desquelles il s'acquitta auec reputation. Et laissa dans son Eglise des Marques de sa liberalité, par les dons & diuers embelissemens qu'il y fit, où se voyent representées ses Armes : *qui sont d'or à trois pals de vair*. Son Corps repose au Chœur de sa Cathedrale, estant passé de ceste vie en vne meilleure, le 23. iour de Iuillet 1541. où en cet endroit se void son Epitaphe.

Gallia Christiana.

Memoires M. S. de l'Eglise de Limoges.

1541.

Exemplo tibi satis sim, quisquis es, si sapis, præsentibus necte futura, natus quidem vixi ; At hercle mori præstitit vt plus magis-que viuerem.

MADAME RENEE.] Renée de France Duchesse de Ferrare, 2. fille du Roy Louis XII. & d'Anne Duchesse de Bretagne sa premiere femme. Elle nasquit le 15. Octobre 1509. Par Traitté passé à Blois, elle fut pro-

18.

M iiij

mise en mariage à Charles Prince de Castille, depuis Empereur V. du nom; ce qui ne s'accomplit, aussi bien que l'Alliance proiettée auec Ioachim Marquis de Brandebourg. Mais enfin elle eut pour Espoux l'an 1527. *Hercules* D'Est II. du nom Duc de *Ferrare & Modene*, Prince qui suiuit & fauorisa le party de France en Italie, où il fut Lieutenant General de l'Armée du Roy Henry II. pour deffendre le Pape Paul IV. contre le Roy d'Espagne Philippes II. En cette consideration le Souuerain Chef de l'Eglise, donna à ce Duc le Tiltre de Deffenseur de l'Eglise, qu'il ne posseda long-temps, estant mort l'an 1559. & delaissant de la Princesse Renée qui le suruesquit jusques en 1575. *Alfonse* II. Duc de *Ferrare*, mort sans enfans de Barbe d'Austriche, & de Marguerite de Gōzague de Mantouë; & en sa personne fut éteinte la branche aisnée de ceste ancienne & illustre Famille. Il eut pour frere Louis Cardinal d'Est & de Ferrare, Archeuesque d'Auch, & pour sœurs Anne d'Est mariée à Fran-

Hist. Geneal. de la Maison Royale. T. I.
1527.

Famiglie illustri d'Italia di Francesco Sansouino.

1559.

çois de *Lorraine* Duc de Guise, puis à Iacques de *Savoye* Duc de Nemours; d'où sont issus les Ducs de ce nom. Lucrece espousa François II. Duc d'Vrbin, & Leonor deceda sans alliance.

MADAME DE SOVBISE SA GOVVERNANTE.] Elle s'appeloit Michelle de Saubonne, Damoiselle originaire du Pays de Bretagne, l'vne des Dames d'honneur de la Reyne Anne de Bretagne, laquelle pour marque de l'affection qu'elle luy portoit, elle fut choisie par cette Princesse pour Gouuernante de Renée de France sa fille, Duchesse de Ferrare. Par sa faueur elle auoit espousé dés l'an 1507. *Iean l'Archeuesque* V. du nom, Seigneur de Soubise, Chef de l'ancienne & illustre Maison de Parthenay en Poitou, pere de Iean l'Archeuesque Seigneur de Soubise, Lieutenant du Roy Henry II. en Toscane, & en la ville de Sienne en Italie, lequel d'*Antoinette Bouchard* d'Aubeterre fut pere de Catherine de Parthenay, Heritiere de Soubise, mariée l'an 1575. auec *René* Vicomte

18.

1507.

*Parthenay.
Soubise.*

1575.

de *Rohan*, Prince de Leon, Comte de Porhoët, Baron de Frontenay, Lieutenant General du Roy Henry le Grand son Cousin dans ses Armées, estant Roy de Nauarre, qui en a delaissé entre-autres enfans *Henry* I. Duc de Rohan, Pair de France, Prince de Leon, Gouuerneur de Poitou, & Lieutenant General des Armées du Roy Louis le Iuste en la Valteline, & en Allemagne, où il perdit la vie d'vne blessure à la bataille de Rinfeld, ayant remporté la gloire d'auoir esté l'vn des grands Capitaines de son siecle. Sa fille vnique Marguerite heritiere, Duchesse de Rohan, Princesse de Leon, Comtesse de Porhoët, qu'il eut du mariage de Marguerite de Bethune de Sully, a espousé Henry Chabot Duc de Rohan, auparauant Marquis de saincte Aulaye, Gouuerneur d'Anjou, dont il a des enfans.

Ducs de Rohan.

Rohan Chabot.

19. MONSIEVR DE CRISSÉ.] Iacques Turpin II. Seigneur Baron de Crissé, de Vihers, & de Montreueau, estoit issu d'vne des anciennes Maisons d'Anjou, de laquelle est à preset chef

Turpin Crissé.

du nom & des Armes Charles IV.
Comte de Crissé. Ce premier estoit
proche parent du Cardinal du Bellay,
qui demeuroit alors à Rome, à cause
de Catherine du Bellay sa premiere
femme, fille de Réné du Bellay, Seigneur Baron de la Forest & de Come-
quiers, & de Marquise de Laual.

LA BANDE DV SEIGNEVR RANCE
A ESTE' DEFFAITE.] Ce Seigneur Italien qui estoit à la solde du Roy de
France, & duquel sera parlé cy-apres
plus amplement, fut deffait par les
trouppes du Duc de Sauoye, estât lors
en differend auec le Roy François I.
Guillaume du Bellay, Sieur de Langey, en rapporte les motifs : *Premierement, de ce qu'il auoit engagé ses ioyaux
pour fomenter le party du Duc de Bourbon
Rebelle : Il auoit escrit des lettres congra-
tulatoires de la prison du Roy, faisoit des
praticques pour aliener les Suisses de ceste
Couronne, auoit refusé de prester Nice pour
l'entreueuë du Pape Clement & de luy, &
le passage de ses trouppes.* Le Roy pour
cette cause auoit donné quelque empeschement à l'entreprise du Duc con-

19.

Memoires
du Bellay
l. 5.

tre Geneue, & ne pouuoit ignorer ce Duc (*dit du Bellay*) que ne se fust ingerée si auant la compagnie du Seigneur Rance, que de fauoriser sans le sceu, ou parauanture sans le secret commandement du Roy, les habitans de la ville de Geneue contre luy.

19 LE DVC DE SAVOYE.] Charles III. du nom Duc de Sauoye, de Chablais, d'Aoste, & de Geneuois, Prince de Piemont, Roy de Cypre, Successeur de son frere Philibert; l'vn & l'autre enfans du Duc Philippes II. Quoy qu'il fust sorty du second lit de Claude de Brosse de Bretagne, la Princesse Louise de Sauoye sa sœur, issuë du premier, & de l'Alliance de Marguerite de Bourbon, fut excluse de la succession de l'Estat de Sauoye par l'ancienne Coustume; ce qui donna sujet en partie aux guerres que le Roy François I. neveu du Duc Charles luy fit depuis.

Pingonij Arbor Gentilitia Sabaudi.t.

Ce Prince dés son premier aduenement, auoit accompagné le Roy Louis XII. aux guerres de Milan & de Gennes. Il fut compris dans la Ligue ar-

restée à Cambray, pour le recouure- *Alliances*
ment du Royaume de Cypre, (heri- *de France*
tage de ses Ancestres,) & assista le Mo- *& Sauoye*
narque François à son premier voyage *de Monod.*
en Italie, le receut magnifiquement à
Turin, & fit la Ligue du Pape Leon X.
& des Suisses auec la France apres la
journée de Marignan. Depuis sa Majesté luy fit la guerre, & le despoüilla
de la plufpart de ses Estats de Piedmont; en mesme temps Geneue se
retira de son obeïssance, & les Bernois ses voisins se saisirent du Païs de
Vaux : Le Duc Charles ayant suporté
toutes ces trauerses d'vn courage generoux.

 Il mourut à Verceil l'an 1553. ayant   1553.
esté marié auec *Beatrix de Portugal*, fille
du Roy Emmanuel, laquelle estoit
estimée la plus belle Princesse de son
temps, dont il delaissa *Emmanuel Phili-* *Genealogie*
bert Duc de Sauoye, allié auec vne *de la Maisõ*
Princesse de France *Marguerite* fille du *de Sauoye.*
Roy François I. Elle fut mere de *Charles-Emmanuel* I. du nom Duc de Sauoye, qui herita de la valeur du pere :
Le Roy d'Espagne Philippes le Pru-

dent II. du nom reconnoiffant fon merite, luy fit efpoufer fa fille *Catherine d'Auftriche*, dont il delaiffa plufieurs enfans.

L'aifné *Victor-Amedé* Duc de Sauoye, Prince de Piemont, Roy de Cypre, fut vn tres-genereux Prince, & qui donna des preuues de fa valeur en la journée du Tefin. Il mourut l'an 1637. ayant efpoufé vne vertueufe Princeffe, Madame Royale *Chreftienne de France*, fille du Roy Héry le Grand, qui a efté long-temps Regente des Eftats de Sauoye pendant la minorité de fes enfans. François Hiacynthe nommé *Louis-Amedé* au Baptefme, mourut au feptiéme de fon âge, ayãt efté Duc de Sauoye pres d'vn an. *Charles-Emmanuel II.* à prefent Duc de Sauoye, Roy de Cypre, eft vn Prince de tres-grande efperance pour les graces d'efprit & de corps dont il eft auãtagé ; l'aifnée de fes fœurs *Marie Anne Louife* eft femme de Maurice de Sauoye fon oncle, Prince d'Oneille & de Barcelonette ; *Adelaide* la puifnée a efté mariée l'an 1650. auec *Ferdinand-*

François Prince de *Bauiere*, fils aisné du Duc Maximilian, Duc de Bauiere Electeur, Comte Palatin du Rhin.

ANDRE' DORIA EST ARRIVE' A NAPLES.] André Doria Prince de Melfe, Cheualier de la Toison d'or, General des Galeres de l'Empereur Charles V. & Gouuerneur de la ville de Gennes, tiroit son origine d'vne des premieres Maisons de ceste ville, qui tient le second rang apres celle de Spinola. Comme il estoit experimenté Capitaine en la conduite des Armées de mer (qui le firent surnommer vn autre Neptune) aussi fut-il appelé à la Cour du Roy François I. qui l'esleua à de grandes Charges, mesmement à la Dignité d'Admiral des mers de Leuant, auec asseurance de xxxvj. mil escus d'or de pension annuelle, & outre luy confia le Gouuernement & la garde de la ville de Gennes & des places maritimes. L'an 1528. le mesme Prince luy ayant donné le commandement de l'Armée naualle de France pour s'opposer contre celle de l'Empereur, qui estoit commandée par Al-

20.

Vie d'André Doria.

Famiglie illustri di Francesco Sansouino.

1528.

fonse d'Aualos, & Camille Colomne, les plus vaillans de l'Armée, les ayant pris prisonniers, il deffit leur flotte entierement.

Mais depuis quelques années apres le Roy qui auoit obligé le Prince Doria, par tant d'effets d'amitié, en l'employant aux plus importantes affaires de la guerre, il vsa d'vne grande infidelité au prejudice de sa foy, pour embrasser le party d'Espagne, estant persuadé par Antoine de Leue & ses autres prisonniers, sous couleur de mécontentement, de ce qu'on luy donnoit pour adjoint à commander sur mer le Seigneur de Barbezieux, de la Maison de la Rochefoucaud; Que le Roy ne luy payoit point ses appointemens, & auoit refusé à sa priere de restituer au Genois la ville de Sauône. Il se reuolta contre François I. quittant le seruice, & emmena douze Galeres, auec vne partie des meilleurs soldats de l'armée du Roy, deliura, Antoine de Leue, Alfonse du Guast, & Alfonse Colomne, trois Chefs des plus valureux de l'Armée Imperiale.

Ainsi

Ainsi chargé des despoüilles de la France il secourut la ville de Naples, qui estoit aux extremitez estant assiegée par les François: Et continuant le dessein de sa trahison, se refugie dans Gennes sa patrie, dont il se rendit maistre, l'ayant fait reuolter contre le seruice du Roy, ce qui luy acquit vne grande estime parmy les siens, & causa aux François la ruine generale de leurs affaires en Italie.

Historia di Geno.t.

L'Empereur Charles V. dõt il estoit fort familier & chery, au lieu de l'Ordre de S. Michel dont le Roy l'auoit honoré; luy fit prendre celuy de la Toison d'or, & l'inuestit du Duché & Principauté de Melphe appartenant à Iean Carraciol Duc de Venouse & d'Ascoli grand Capitaine qui rendit de notables seruices au Roy Frãçois I. ayant esté Mareschal de France.

Le mesme Empereur voulant passer d'Espagne en Italie par mer, commanda au Prince Doria d'estre son Conducteur: les actions militaires qu'il fit contre les Turcs sont remarquables, il prit de force les villes de Coron, de

Patras & autres dans l'Achaye. Charles V. l'establit son Lieutenant General en l'armée navale qui reduisit en son obeissance le fort de la Goulette, & la ville de Tunis; il receut depuis cet Empereur passant à Gennes dans son Palais 1536. auec grande magnificence.

<small>1536.</small>

Pendant la Trefve arrestée entre les Rois de France & d'Espagne, François I. eut la bonté de receuoir André Doria à pardō de son infidelité passée. En suitte auec les galeres de Naples & de Sicile il battit & chassa les Turcs de la pluspart des places qu'ils tenoiēt dans la mer Egée & vers l'Afrique: & les reduisit à recognoistre Muleasses, Roy de Tunes qu'il restablit en son Throne. Ce renommé Capitaine mourut l'an 1560.

<small>Carolus Sigonius de vita sua.</small>

<small>Spondanus T. 3. Annal.</small>

<small>1560.</small>

Les Genois pour l'estime particuliere de sa valeur, & de la haute reputation qu'il auoit acquise dans les armes érigerent à cet Heros leur compatriote vne statuë publique de marbre sur la base de laquelle fut graué cet escrit :

<small>Henninges Theatrum. Geneal.</small>

Andreæ Auriæ ciui optimo, Felicissimoque, vindici atque Auctori publicæ Libertatis Senatus populusque Genuensis posuerunt.

Il mourut sans enfans, & laissa heritier de sa renommée pluſtoſt que de ses grands biens, *Iean André Doria*, fils de Iannetin qui fut General de l'armée navale en Afrique. De luy peuuent eſtre descendus les Ducs de Turſis du nom de Doria qui ſont encore auiourd'huy au ſeruice du Roy d'Eſpagne Philippes IV. & ont le commādement des armées navales de mer. Les Marquis de Cirié en Sauoye ſont chefs de ceſte Maiſon de Doria.

LA GOVLETA PRES TVNIS.] Le Fort de la Goulette fut baſty à l'embouchure de la ville de Tunis par Charles Quint 1535. Quelques années apres les Turcs ayans aſſiegé ceſte place, l'enleuerent, à la reſerue d'vn ſeul baſtion qu'ils fortifierent pour la deffenſe du port & de l'embouchure du Lac. Ceux de Tunis y

21.

1535.

N ij

ont pour l'ordinaire vne garnison de leur milice & vn grand magasin.

Quant à la ville de Tunis capitale d'vn Royaume de mesme nom en Afrique, elle est esloignée de douze mille de la mer; & fameuse en nostre Histoire par le memorable siege qui mit le Roy S. Louis, où il fut pris prisonnier, & au second voyage d'outremer mourut deuant ceste place; dés le temps de ce Prince il y auoit des Rois dont la lignée a duré iusques au temps de Muley-Asses Roy de Tunes, & de son fils le Tyran Amides, sur lequel Sultan Selim s'empara du Royaume, & en osta la joüissance à ceux de sa posterité.

Nangius.

Hist. de Ioinuille.

Hist. de Barbarie l. 2.

21. LES ARABES.] Ce sont ces peuples vagabonds, & si adonnez au larcin que du temps de S. Hierosme ils estoient blasmez de ce vice. Ils sont dispersez en plusieurs endroits de l'Empire Ottoman, & principalement dans les campagnes de Barbarie. C'est par l'appuy de leurs armes, que l'infidele Mahometh, sema ses erreurs, & establit sa maudite Secte, de là ils

passerent en Afrique l'an 637. souz le *Marmoll.*
Caliphe Omar III. & enuahirent ce *part. 1.l.2.*
pays, les Afriquains ennuyez de ceste *de sc. A-*
race d'Arabes qui furent depuis ap- *fric.*
pellez Sarrazins, les chasserent de
leurs pais, & en retinrent la fausse
religion. Leur façon de viure est fort
différente de celle des Turcs, comme
l'on peut voir chez l'Autheur de l'Histoire de Barbarie plus amplement.

LE GRAND MAISTRE DE RHODES   21.
PIEDMONTOIS.] *Didier de Tolon*
Sainéte Iaille Dauphinois, lequel de
Grand Prieur de Tholose fut esleu
Grand Maistre apres Pierre du Pont
1535. & deceda à Montpelier le 26.
Septembre 1536. ayant esté inhumé   1535.
à Sainct Gilles. *Iean d'Hommedez* Espagnol luy succeda en la mesme an-
née: L'Isle de Rodes qui estoit la ré- *Hist. de*
sidence des Cheualiers de S. Iean de *Malthe.*
Hierusalem, ayant esté prise par Soliman l'an 1522. apres la résistance genereuse du vaillant Philippes de Vil-
liers l'Isle-Adam, le Siege de la Religion fut establi dans l'Isle de Malthe: *Iean Paul Lascaris* que l'on dit estre

de mesme race, que celle des anciens Lascaris Empereurs de Constantinople, sorty d'vne branche des Comtes de Tende au Comté de Nice, est à present Grand Maistre de S. Iean de Hierusalem, dit de Malthe & Prince de Goze.

Ead. pag. SARDAIGNE ET MINORQVE.] Isles de la mer Mediterranée, la premiere est voisine de celle de Corse, & à pour capitale la ville de Cagliari, residence du Vice-Roy que le Roy d'Espagne y enuoye. Celle de Minorque, a pour principale ville *Ciuita d'ella*, laquelle faisoit anciennemét partie du Royaume de Maiorque possedé par les Roys d'Arragon, & à present par le Roy Catholique.

32. ON NE VIT ONCQVES ROME TANT ADONNEE AVX DIVINATIONS QV'ELLE EST DE PRESENT.]

C'estoit au temps que le Pape Paul III. ayant esté instruit dans toutes les plus belles sciences, & particulierement en l'Astrologie, auoit pour familier aupres de luy *Lucas Gauric* celebre Mathematicien d'Italie, qui depuis au raport du premier Historien de ce siecle, predit à la Reyne Catherine de Medicis, le desastre qui arriua à son espoux le Roy Héry II. lors que par vn funeste accident, il fut blessé si griefuement d'vn esclat de lance par le Comte de Montgommery, qu'il en mourut en son Palais des Tournelles à Paris, l'an 1559. *Iacob. Aug. Thuanus.*

Le docte Euesque de Chartres Iean de Saresbery, Anglois de nation, en son liure intitulé *Policraticus de Nugis Curialium & Vestigiis Philosophorum*; raporte les diuerses especes de prestiges & de Diuinations, ausquelles l'on renuoye le Lecteur s'il desire en estre informé plus particulierement. *Liure 1. & 2.*

LE FEV DVC DE MILAN.] *François Sforce II.* du nom, dernier Duc de Milan, fut le second des fils de Louis Sforce, surnommé le More, qui mourut prisonnier du Roy Louis XII. dãs le chasteau de Loches, & de Beatrix d'Est de Ferrare. Charles V. & le Pape Leon X. le restablirent dans la Duché de Milan l'an 1521. apres que les François en eurent esté chassez. Il fut *23. 1521.*

quelque temps mal-voulu de l'Empereur, & trouua moyen de se remettre en grace auec luy, ayant fait executer à mort vn Ambassadeur du Roy François I. lequel s'apprestât pour vanger ceste iniure, *François Sforce* mourut l'an 1535. il auoit espousé peu auparauant *Chrestienne*, fille aisnée de *Chrestien II. Roy de Dannemark*, & d Isabel d'Austriche, dont il n'eut enfans. Elle passa en secondes nopces auec François *Duc de Lorraine*, pere de Charles II. Apres son deceds & celuy de son frere aisné *Maximilian* Sforce, l'Empereur Charles V. s'empara du Milanez. Il eut aussi pour frere naturel *Iean Paul Sforce*, Marquis de Carauas, duquel sont issus les Marquis de *Carauagio*.

1535.

Hist. de Milan.

Ead. pag.   MESSINE.] Ceste ville à long-temps debattu de la primauté auec celle de Palerme, Siege des Rois de Sicile & à present des Viceroîs. Elle est grande & bien fortifiée de bastions & de chasteaux, auec vn Arcenal & vn Palais Royal, qu'on tient estre l'vne des belles pieces de l'Europe ; pour ornemens publics elle à de belles fontaines, & vne Eglise Metropolitaine; prez du port l'on monstre le goufre de Charybde, ayant de l'autre costé prez de la Calabre, le fascheux passage de Scylla tant decrié par les anciens. Iean d'Austriche, fils naturel du Roy d'Espagne est à present Gouuerneur Viceroy & Capitaine General de la Sicile.

GOVVERNEVR DE LYON.] Iean d'Albon, Seigneur de sainct André Gouuerneur du Lyonnois, issu de l'illustre maison d'Albon Seigneurs de S. André & de S. Forgeul, lequel de Charlotte de la Roche Baronne de Tornoëlles, fut mere de *Iacques d'Albon*, Seigneur de S. André, Marquis de Fronsac, Gouuerneur de Lyonnois, Forests & Beaujolois, d'Auuergne, Bourbonnois, haute & basse Marche, creé Mareschal de France par le Roy Henry II. l'an 1547. celebre dãs l'Histoire pour ses actiõs militaires. Il termina le cours de sa vie pour le seruice de sõ Prince l'an 1562. à la bataille de S. Denis sans laisser enfans. Les Barons de S. Forgeul sont aisnez de ceste

26.

Famille d'Albon Seigneurs de S. André.

M. S. de la Famille d'Albon.

Maison, & ont pour cadets les Seigneurs de Chazeul, dont l'aisné porte qualité de Comte d'Albon.

28. MONSIEVR DE SAINTES.] *Iulian Soderin*, fils de Paul Anthoine, & petit fils de Thomas Soderin, & de Diane Tornaboni, estoit issu d'vne des premieres familles de Florence. Par la faueur de son oncle François Cardinal Soderin, Legat de Florentis aupres du Pape, il eut le mesme employ en France aupres de sa Majesté Tres-Chrestienne, & fut fait Euesque de *Volterra* en Italie l'an 1509. assista depuis au Concile de Latran l'an 1514. & de là fut transferé à l'Euesché de Viceze, & par la resignation de son oncle Euesque de Saintes en France; Prelature qui pensa faire perdre le Cardinal, d'autant que le Pape Adriā VI. ayant appris par des lettres interceptes de l'Euesque de Saintes son neueu, qu'il sollicitoit le Roy de France pour enuahir la Sicile ; il fut mis prisonnier au Chasteau S. Ange, & y demeura estant priué de la liberté des suffrages, iusques à l'ellection de Iules

Italia Sacra T. 1. in Episcopis Volaterranis.

1509.

de Medicis; Ce Cardinal acquit vn grand renom pendant qu'il vesquit comme l'Histoire nous aprend. Iulien son neveu mourut l'an 1544. & gist en son Eglise Cathedrale. Charles I. Cardinal de Bourbon luy succeda en l'Euesché de Saintes qui est à present possedé par *Louis de Bassompierre*, fils de François Mareschal de France.

Cartulariũ Ecclesiæ Santonẽsis.

1544.

LE REV PAPE CLEMENT.] *Iules de Medicis* fils naturel de Iulian Gouuerneur de la Republique de Florence, & Cousin germain de Leon X. nasquit postume apres le massacre de son pere, fait par la conjuration des Pazzi alliez de la Maison de Medicis. Il fut premierement Cheualier de Rhodes, puis creé Cardinal & Archeuesque de Florence, l'an 1503. & enfin esleué au souuerain Pontificat l'an 1523. le 13. Decembre sous le nom Clement VII. quoy qu'il eust pour contendans, Iules de Medicis de sa maison, & Pompée Colomne tous deux illustres en extraction. L'Italie fut troublée par plusieurs guerres pendant qu'il vesquit, Rome fut prise, & luy assiegé dans le

Ciaconius.

Du Chesne Hist. des Papes.

Guichardin.

Chasteau S. Ange, puis demeura prisonnier de l'Empereur Charles V. qu'il couronna depuis à Bologne. Estant passionné pour la grandeur de la Maison de Medicis, il moyenna leur restablissement dans Florence, & decreta l'excommunication de l'interdit du Royaume d'Angleterre contre le Roy Henry VIII. sa mort arriua le 25. Septembre 1524.

Il laissa *ce dit Guichardin qui finist ces guerres d'Italie en cet endroit*, au chasteau S. Ange plusieurs bagues & joyaux, & en la Chambre Pontificale vne infinité d'Offices, mais contre l'opinion d'vn chacun vne tres petite quantité de deniers. Il fut exalté de bas* degré au Papat auec vne merueilleuse felicité de fortune, & si l'on pese l'vn & l'autre, il eut bien plus grande mauuaise, que bonne fortune. Car quel heur se peut comparer au malheur de sa prison? à ce qu'il vit auec vne si grãde ruine & destruction saccager Rome? Et à ce qu'il fut cause d'vne si grande desolation à sa patrie? Il mourut hay de la Cour, suspect aux Prin-

* *Estant Bastard.*

ces, & auec vne renommée pluſtoſt faſcheuſe & odieuſe que plaiſante; eſtant reputé auare, de petite foy, & naturellement eſtrangé de faire plaiſir aux perſonnes. Neantmoins il eſtoit fort graué & fort auiſé en ſes actions, & vainqueur de ſoy-meſme, & de tres-grand eſprit, ſi la timidité ne luy euſt ſouuent corrompu le iugement.

Le Cardinal Cesarin Legat vers l'Empereur.] Alexandre Cardinal *Ceſarin* Romain de naiſſance, Paul Ioue fait grande eſtime de luy dans ſes ouurages pour la protection qu'il dōnoit aux perſonnes de lettres. Le Pape Leon X. pour preuue de ſon affection le crea Cardinal 1517. & le Sacré College le députa en Eſpagne apres l'eſlectiō d'Adrian VI. Paul III. l'enuoya auec le Cardinal de Sienne complimenter l'Empereur Charles V. ſur ſa victoire de la priſe de Tunes, & eut beaucoup d'autres honorables emplois à la Cour Romaine, dont fait mention l'Hiſtoire des Cardinaux. Mais l'on ne peut aſſez eſtimer l'Eloge que rend de ſa perſonne Iacques

Sadolet Euesque de Carpentras dans l'vne de ses Epistres où il louë ses vertus, particulieremẽt sa pieté, vne prudence rare & doctrine non commune. Ce Cardinal mourut ayant esté Euesque d'Albano & de Pampelonne l'an 1542. le 13. du mois de Feurier.

Italia Sacra, T. 1.

31. IE SEROIS PLVS RICHE QVE IACQVES CŒVR.] Iacques Cœur natif de la ville de Bourges, de premier & du plus riche Marchand de son têps fut Conseiller & seul Thresorier de l'Espargne du Roy Charles VII. sous lequel il fut en grande consideration; & comme il estoit homme de negotiation il fut employé dans les plus importantes affaires de l'Estat, mesme dans la Pacification du Schisme qui estoit pour lors en l'Eglise, & pour accorder le Pape Nicolas & Felix auparauant Duc de Sauoye, que ceux du Concile de Basle auoient nommé Pape, qui estoit la plus grande affaire qui fust lors en la Chrestienté. A cet effet le Roy le choisit auec Tanneguy du Chastel pour les enuoyer en vne celebre Ambassade vers ledit Pape Nico-

Alain Charnier, Histoire de Charles 7.

las à Rome, où l'Histoire dit, *qu'ils allerent dans les Galeres de ce Iacques Cœur:* Et de Rome retournerent vers le Pape Felix qui residoit pour lors à Losane, d'où ils reuinrent en France trouuer le Roy auec les Ambassadeurs dudit Felix, où ces differends furent enfin terminez au contentement de tout le monde.

Ce grand credit qu'il auoit prez de son Prince, la bonne & seuere conduite qu'il apportoit au maniment des Finances, la splendeur de sa fortune, & ses biés qui estoient considerables, luy susciterent l'enuie de quelques grands Seigneurs du Royaume, qui pour se reuestir de si belles despoüilles se mirent à le persecuter outrageusement. Et pour authoriser plus facilement leurs calomnieuses accusations prés du Roy, ils luy firent entendre que ce *Iacques Cœur* estoit trop familier auec le Dauphin son fils (depuis Roy Louis XI.) qu'il fomentoit sa desobeissance, & qu'il luy fournissoit trop librement de l'argent & du conseil, Ce qui en effet fut la veritable

Hist. des Presidens au Mortier.

cause de sa disgrace, estant contraint de ceder à la persecution, & d'obeir aux ordres du Roy. Mais le Parlement de Paris prit cognoissance de l'affaire, & donna Arrest, par lequel les calomnies auancées côtre la bonne administration dudit *Iacques Cœur*, furent descouuertes, & ordonna que le tort qui luy auoit esté fait seroit entierement reparé, & que tous ses biens luy seroient restituez. Voicy en sommaire les principaux chefs de son accusation, qui sont rapportez plus au long, dans vn Registre de la Chambre des Comptes de Paris. Cotté *Iacques Cœur* XI. & dans le Recueil des Antiquitez de la ville de Bourges.

Histoire de Iean Chenu.

CHARLES PAR LA GRACE DE DIEV, ROY DE FRANCE. *Comme apres le decés de Agnes Sorelle Damoiselle la renommée fut, qu'elle auoit esté empoisonnée, & Iacques Cœur lors nostre Conseiller & Argentier en*

cust

eust esté soupçonné, & d'auoir ennoyé des harnois de guerre aux Sarazins, & que aucuns de nos subjets nous eussent fait de grandes plaintes dudit Jacques, disans auoir fait plusieurs grandes concussions en nostre Païs de Languedoc, & auoir transporté aux Sarazins sur ses galeres quantité d'argent, pourquoy eussions ordonné estre faites informations par nos Officiers pour en ordonner; lesquelles informations sur la mort & empoisonnement d'Agnes rapportées en l'Hostel de Taillebourg, où nous estions pour la conqueste du Duché de Guyenne, les auoir fait visiter en nostre presence par nostre grand Conseil, Icelles veuës, & la déposition de Ieanne de Vendosme *Damoiselle*, *Dame de Mortagne*, par la deliberation desquels eussions ordonné, que iceluy Iacques Cœur seroit arresté, ses biens mis entre nostre main, & en garde des Commissaires qui en sceussent rendre compte.

Depuis lequel appointement eust ledit Iacques Cœur esté arresté audit Chasteau de Taillebourg, puis à Lezignem, où il fut interrogé par plusieurs fois, &c depuis mené au Chastel des Montils les Tours, où furent apportées plusieurs informations : par lesquelles ledit Iacques Cœur fut trouué chargé, que dés l'an 1429. estant compagnon de la Ferme de nostre monnoye de Bourges, il auoit fait forger escus à moindre prix, &c. en commettant en ce, crime de fausse monnoye, &c. Fut chargé d'auoir fait quantité de harnois aux Sarrazins, afin que ses galeres fussent mieux traittées, & qu'il púst tirer deux ou trois cens escortes de poiure d'Alexandrie, sans payer le droict du Souldan, &c. Estant renommé que par le moyen desdits harnois, iceux Sarrazins auoient gaigné vne bataille sur les Chrestiens.

Fut chargé d'auoir fait fondre lingots, monnoyes, & quantité d'argent, &c. Fut aussi trouué ledit Iacques par les informations, chargé d'auoir fait faire de son authorité, vn petit scel de plomb ou cuiure pareil au petit scel de secret. Fut aussi trouué par les informations, que pendant qu'on traittoit le mariage de nostre Fille Ieanne auec nostre Cousin le Comte de Clermont iceluy Jacques meu de grande auarice, auoir dit au Seigneur de Canillac, & la Fayette, & autres venus en la ville de Chinon pardeuers nous, de par nostre Cousin le Duc de Bourbon pour la poursuite dudit mariage, qu'ils ne feroient rien vers nous touchant ledit traitté, que n'eussions deux mil escus pour faire nos presens és Festes de Noel, & que pour ce il auoit pris

O ij

les obligations desdits Seigneurs.

En outre fut chargé d'auoir exigé grandes sommes de deniers des marques des Geneuois, de Prouence, & de Catalongne, & d'auoir annullé l'ancienne marque des Genois mises sus, pour recompenser la perte de la galere de Narbonne, &c. Et d'auoir exigé sur lesdits Geneuois six mil escus d'or, &c. Auroit aussi ledit Jacques receu de la composition de la marque de Florence douze mil florins ; & combien qu'il fut lors nostre Officier & eut le gouuernement de nos Finances, neantmoins en baillant nos fermes, auoit esté compagnon & parçonnier, mesme des foires de Pezenas & de Montignac, & autres affermées neuf mil cinq cens liures. Outre fut trouué chargé d'auoir fait mettre sans nostre sceu en Languedoc, pardessus nos Tailles, grandes sommes de deniers, & fait de grandes xactions, plusieurs contraintes & violences.

De tout ce qu'en cette partie l'Archeuesque de Bourges fils dudit Iacques Cœur ont produit pardeuers nos Commissaires, & de par nostre Ordonnance a esté ammené du Chastel de Maillé en nostre Chastel de Tours, &c. Et sur cette deliberation auons par nostre Arrest declaré ledit Iacques Cœur, atteint d'auoir fait transporter quantité d'argent aux Sarrazins, & hors nostre Royaume, transgression d'Ordonnances Royaux, crime de leze Majesté commis forfait, enuers nous corps & biens.

Toutefois pour aucuns seruices à nous faits par ledit Iacques Cœur, en faueur de nostre S. Pere le Pape, qui nous a pour luy rescrit, pour ces causes remettons audit Iacques la peine de mort, l'auons declaré inhabile à toufiours d'Offices Royaux & publics, auons condamné à nous faire amende honorable, en la perfonne de noftre Procureur, &c. Difãt que mauuaifemẽt il a enuoyé armes au Souldan, auoir fait vendre aux Sarrazins des enfans, & le condamnons à les racheter & les faire ramener à Montpelier, declarons l'obligation de deux mil efcus des Seigneurs de Canillac & de la Fayette de nulle valeur; & outre condamnons ledit Iacques Cœur à nous reftituer pour les fommes recelées de trois cens mil efcus, & à tenir prifon iufques à la pleine fatisfaction. Et au regard des poifons, pource que le procez n'eft en eftat de iugement pour le prefent nous n'en faifons aucun iugement, & pour caufe. Donné en noftre Chaftel de Lezignem le 29. de May 1453. de noftre regn: le 31.

1453.

Iacques Cœur posseda plusieurs grandes Terres, il fut Baron de S. Forgeau Seigneur de Menetou, Salon, Maubranche & de Marmaigne, de la Bruyere de S. Germain de Meaune, qu'il acquit du Seigneur de Culant de S. Aon, de Boisy en Rouannois, à presēt Duché appartenant à Artus Gouffier, Duc de Roüanois, de la terre de S. Geran de Vaux, qui est vn Marquisat de la Maison de la Guiche, Comte de la Pallice, & de plusieurs autres Seigneuries. Il s'allia par mariage auec *Macée de Leodepart*, dont on voit le tombeau en l'Eglise parrochiale de Saincte Oustrille à Bourges ; de laquelle il eut deux fils *Iean Cœur* Abbé de S. Sulpice, puis Archeuesque de Bourges, Primat d'Aquitaine, 1450. apres Henry d'Auaugour, & qui fut vn docte & vertueux Prelat, sa mort arriua l'an 1483. & gist en la Cathedrale de Bourges. *Hist. des Archeuesq. de Bourges.*

Son frere *Geoffroy Cœur* Cheualier, Sr de la Chaussée, Eschanson du Roy Louis XI. espousa *Isabeau Bureau* fille de Iean Bureau, Baron de Monglat, *Geneal. de la Maison de Cœur.*

Maiſtre de l'Artillerie de France, Maire perpetuel de Bordeaux, & de Germaine Eſſelin, dont il eut *Iacques Cœur* II. du nom mort ſans lignée. *Germaine Cœur*, femme de Louis de Harlay, Baron de Monglat, Seigneur de Beaumont, de laquelle alliance ſont iſſus Meſſieurs de Harlay Comtes de Beaumont, de Sancy, les Comtes de Ceſy, & les Marquis de Chanvallon, & de Breval.

Marie Cœur, ſœur de Germaine, fut mariée auec Euſtache l'Huillier, Seigneur de S. Memin & de Boulancourt, deſquels eſt deſcendu vne grande poſterité.

Ce fameux *Iacques Cœur* portoit en ſes Armes, *d'azur à la face d'or, chargée de trois coquilles de ſable que d'autres appellent vanets accompagnée de trois cœurs au naturel alias de gueulle 2. 1.* Cet Eſcuçon ſe voit appoſé en pluſieurs lieux du ſuperbe Hoſtel portant ſon nom, qu'il fit baſtir dans la ville de Bourges.

32. LE CAMP DE FLOVR.] Il y a pluſieurs places publiques à Rome,

mais les principales d'apresent sont la Vaticane, la Nauone, celle des Iuifs, & celle de *Fiore* ou de *Flour*.

LE CHASTEAV S. ANGE.] Dit *Ibid.* autrefois *Moles Adriani*, bastiment dressé pour la conseruation des cendres de l'Empereur Adrian, & des Antonins; mais depuis fortifié par les Papes Boniface IX. Alexandre VI. & *D'Auity.* autres. On done à ce Chasteau le nom de S. Ange, pour l'apparition que l'on dit qui s'y fit d'vn Ange du temps du Pape Gregoire. Là se voyent encore quelques Antiques, & ce lieu est la principale forteresse de la ville de Rome, où les Papes se peuuent retirer sans estre veus, par une galerie desrobée qui vient du Palais S. Pierre, ouurage de l'inuention du Pape Alexandre V. I.

LE PALAIS FARNESE.] Il fut *Ead. pag.* basty par le Pape Paul III. dans la court l'on voit deux admirables statuës d'Hercules & de Iuppiter, & dans les salles & galeries, vne infinité de belles peintures auec les statuës du Duc Alexandre Farnese, de Dircé, de l'Empereur Aurele, & diuerses Antiques & Medailles.

33. LE S. PERE ALLA OVIR MESSE A S. PAVL.] La premiere des trois Egilses & plus considerable au dehors de la ville de Rome, est S. Paul à vn mil de la ville sur le chemin d'Ostie : Elle est d'vne belle structure, enrichie de diuerses colónes de marbre & de porphyre, on y voit diuerses representations admirables en Mosaïque, & des reliques venerables. Les Moines de S. Benoist de la Congregation du Môt Cassin en ont l'administration.

34. IANISSAIRES.] Ce n'est pas qu'il y ait à Rome au seruice du Pape, de cete sorte de milice, qui est à Constantinople, & par tout l'Empire du Turc employée au seruice du grand Seigneur, & qui porte le nom de *Iannisfaires*, estant semblable à l'infanterie des autres Estats des Princes Chrestiens : mais ceux dont parle *Rabelais*, s'appellent *Giannizzeri*, & sont les solliciteurs du Palais de Rome, pour les affaires de la Iustice.

35. LE PRINCE DE PIEMONT.]

Louis de Sauoye Prince de Piemond, fils aisné du Duc Charles III. & de Beatrix de Portugal, nasquit à Geneue l'an 1523. & fit le voyage d'Espagne auec l'Empereur Charles V. son oncle, où il fut esleué auec son fils, depuis Roy d'Espagne Philippes II. mais ayant esté surpris de fievre l'an 1536. à Madrid, il y finit ses iours en l'âge de treize ans, & fut inhumé en la ville de Grenade : Prince genereux, & qui donnoit de grandes esperances de sa personne.

1523.

Philibertus Pingonius.
1536.

LE ROY DE PORTVGAL.] Iean III. Roy de Portugal & des Algarbes, nasquit à Lisbonne l'an 1502. & continua les hauts desseins de son pere pour les memorables conquestes, & l'auancement de la Religion en l'Asie Orientale, la haute Ethiopie, les Isles Moluques & Iapon. Il s'empara par ses Lieutenans de l'Isle de Betlehem, des villes de Diu, de Baçin & de Damian, tua le Sultan Badur, tres-puissant Roy de Cambaye, & en Afrique conquist les places de Tanger, Mazagan & Septe.

Ead. pag.

Andrada Hist. Ioannis III.

Vasconcelius.

Nunius.

Ce Monarq. fut encore orné de vert² Royales & dignes d'vn grand Prince; de la Clemence, de la Paix, & d'vne affection particuliere pour les personnes de sçauoir ; attira plusieurs estrangers en son Royaume, & rendit l'Vniuersité de Coimbre l'vne des plus celebres de l'Europe. *Catherine d'Austriche* sa femme estoit sœur de l'Empereur Charles Quint, dont il eut vne feconde posterité, entre-autres enfans *Iean Prince de Portugal*, lequel de Ieanne d'Austriche fut pere du ieune *Sebastien* Roy de Portugal, qui en la premiere fleur de son âge, sans experience aux armes, par vne deliberation imprudente, s'embarqua dans vne glorieuse entreprise contre les infideles ; mais qui luy fut funeste ayant esté tué inhumainement le 4. d'Aoust 1578. à la bataille d'Alcaçar sans auoir esté marié.

Histoire de la Geneal. Royale de France, T. 2.

1578.

37.

LE FEV ROY EMANVEL.] Le celebre *Emanuel Roy de Portugal & des Algarbés*, surnommé le Grand fils de Ferdinand Duc de Visco, nasquit l'an 1469. Par ses glorieuses entreprises

Hier. Osor.
1469.

qu'il mit heureusement à chef, s'eſtât rendu tributaire pluſieurs Roys des parties Orientales, & ayant planté la Foy Chreſtienne dans les regions les plus eſloignées, il merita iuſtement d'eſtre eſtimé l'vn des plus heureux Prince du monde.

Iean Maffée Hiſt. des Indes.

Dés ſon aduenement à la Couronne il pourſuiuit les genereux deſſeins du Roy ſon predeceſſeur pour la conqueſte des Terres eſtrangeres, & auec beaucoup de bonne fortune il découurit par ſes Lieutenans Vaſco & Paul Gama Gentils-hommes Portugais, toute la coſte Orientale d'Ethiopie, l'Iſle de Mozambique & autres, & partie du Breſil : Ce ne fut pas ſans auoir vne cruelle guerre auec les Mores & Sarrazins ; où les Portuguais firent de merueilleux exploits d'armes. Cõme auſſi en Affrique, & aux Indes. Les Rois infideles de Cochin, de Cananor, de Calecut, de Cambaie & d'Ethiopie apres auoir eſté vaincus, ſe rendirét ſes tributaires, & furent trop heureux d'eſtre ſous ſa protection, & de rechercher ſon alliãce. Le fameux

Antoine Vaſconcellos.

Albuquerque reduisit en son obeissance la ville de Goa, Siege des Vicerois, s'empara de celle de Malaca, d'Azamor, des Isles Moluques, & de la plus part des villes de la Mauritanie, ayant eu pour but principal auec ses conquestes l'auancement de la Religion Chrestienne, qu'il establit bien auant dans l'Ethiopie, les Indes, & l'Afrique.

Ce Monarque le Conquerãt de l'Oriẽt mourut à Lisbône l'an 1521. ayant espousé *Isabel* & *Marie de Castille* sœurs l'vne apres l'autre, & *Leonor d'Austriche*, sœur de l'Empereur Charles V. De Marie de Castille nasquirent Iean III. Roy de Portugal, duquel a esté parlé cy-deuant, & plusieurs autres Princes & Princesses, *Louis* Duc de Beja, *Alfonse* Cardinal & Archeuesque de Lisbonne, *Henry* Cardinal, puis Roy de Portugal, Edoüard, *Isabel*, Emperiere & Reyne d'Espagne, *Beatrix* Duchesse de Sauoye, & autres enfans. Entre ceux-là.

Mariana.

Famille Royale de Portugal.

Edoüard Prince de Portugal, Duc de Guimaraëns, eut pour fille *Cathe-*

rine de Portugal Duchesse de Bragance, femme de Iean Duc de Bragance & de Barcellos, laquelle eut les iustes pretensions pour la succession de la Couronne de Portugal, qui furent empeschées par la violence des armes du Roy d'Espagne Philippes II. *Theodose* II. Duc de Bragance leur fils d'*Anne de Velasco*, a esté pere de Iean IV. *Roy de Portugal & des Algarbes*, lequel apres soixante ans d'vsurpation injuste, estant le vray heritier de cet Estat, en a esté proclamé Roy le premier Decembre 1640. & maintient contre les vains efforts des Castillans son Royaume en paix.

Portugal Bragance.

1640.

De son espouse *Louise de Guzman* de Medina Sidonia, fille de Iean-Emmanuel Perez, Duc de Medina Sidonia, & de Ieanne de Sandoual, il a des enfans, à sçauoir, *Theodose* III. Prince de Portugal, Alfonse Henry, Pierre, Ieanne, & Catherine, Infantes de Portugal.

L'ARMEE DV TVRC.] Solyman fils de Selim Empereur des Turcs, nasquit l'an 1500. & s'est rendu l'vn

38.

des plus celebres Princes des Ottomans par ses hauts faits d'armes.

Il attaqua Belgrade en Hongrie, & reduisit en son obeïssance Rhodes bouleuart de la Chrestienté l'an 152: auec toutes les forteresses de l'Archipelague, de la Grece, & d'vne parti de la Hongrie, Conquit par ses Lieutenans les villes de Tunes, d'Alger de Tauris, de Bagadat, Albe-Royale & Strigonie: Il enleua aux Cheualiers de Malthe la ville de Tripoly, & les Isles de Chio & de Gerbes: Mais en vain ayant attaqué auec de puissantes forces l'Isle de Malthe l'an 1565. il fut côtraint de se retirer auec perte, puis mourut le 4. Septembre 1566.

Son fils *Sultan Selim* II. né de Roxolane, fut pere de *Sultan* Murat III. & cetuy-cy de *Mahomet* III. du nom, lequel eut pour fils *Achmet* I. assez debonnaire pour ceux de sa nation. Mais son fils *Sultan* Osman Prince valureux eut vne fin tragique causée par la mutinerie des Ianissaires: *Amurath* 4. son frere regna apres *Mustapha* leur oncle, ayât eu pour successeur *Hibraim*,

1523.

Hist. des Turcs.

1566.

Empereurs des Turcs.

braim, dont le fils *Mahomet* IV. est à present Empereur des Turcs.

LE FLEVVE TANAIS.] Ceste Riuiere separant l'Europe de l'Asie, court premierement l'espace de quelques lieuës entre Cazan & Astrakan, du costé du Nord; puis vient prendre son cours vers le Sud, où finalement elle se va rendre dans le lac Meotide, ayant pres de son embouchure la ville d'Asoph, les bords de ce Fleuue sont agreables à cause des serpentemens qu'il fait. *38.*

BONA.] Bonne jadis Hyppone, ville de Barbarie, recommandable pour auoir esté le Siege Episcopal du grand S. Augustin, où il mourut. Sa situatiõ est sur le bord de la mer, & à vne forteresse assez bonne, où ceux d'Alger tiennent garnison. A vn cart de lieuë de là, se voyent encore les vestiges d'vn Conuent qu'y fit bastir ce Sainct. *Ead. pag. Hist. de Barbarie.*

ALGIERY.] Alger, ville capitale de ce Royaume en Barbarie, à d'estéduë plus de soixante & dix lieuës, & fut autrefois la principale ville de toute la Mauritanie. Ses abords sont *Ead. pag.*

P

agreables pour les vergers qui l'enuironnent, & ses fontaines. Elle est aussi bien fortifiée, à d'assez beaux bastimens, des mosquées & autres ornemens publics. Les Ianissaires ont en ce lieu vn Aga ou General de leur Milice, & c'est vne des principales retraites pour les Corsaires de la mer Mediterranée qui sont sous la protection du Turc.

04. Monsievr de l'Avavr Ambassadevr povr le Roy a Venise.]

Pierre Danes Euesque de l'Auaur, Parisié de naissance dés sa jeunesse fut instruit, & eut l'honneur d'auoir pour Maistres deux grands hommes, Iean Lascaris, & Guillaume Budée, sous lesquels il apprit les plus beaux secrets des Langues Grec & Latine : sa suffisance & haute capacité estant recognuë, & le Roy François I. ayāt establi dans l'Vniuersité de Paris des Professeurs en toutes sciences, il fut choisi pour tenir la place de Professeur Royal en Langue Grec : puis estant aymé & fauorisé de Frāçois Cardinal de Tournon, pour la beauté de son Esprit, &

la pureté de ses mœurs qui le rendoiét recommandables, le Roy Henry II. le choisit pour Precepteur du jeune François Dauphin de France, depuis Roy II. du nom. Et incontinent apres le gratifia de l'Euesché de l'Auaur en Lãguedoc, dignité qu'il souftint auec esclat, estant enuoyé Ambassadeur de sa Majesté au Concile de Trente ; & en presence de tous les Peres de l'Eglise, assemblez y fit admirer son éloquence à l'auantage de ceste Couronne.

Gallia Christiana.

Il eut encore diuers autres emplois & Ambassades extraordinaires, que les Rois l'obligerent d'entreprendre aupres des Souuerains Pontifes, & des autres Princes d'Italie, pour les affaires de la Chrestienté : Estant de retour, & ayant atteint vn long âge, il se retira à l'Abbaye de S. Germain des Prez à Paris, où il fut inhumé auec ceste inscription.

Cy gist Reuerend Pere en Dieu, Messire Pierre Danès, en son viuant Euesque de l'Auaur, institué premier

Lecteur Royal és Lettres Grecques par le Roy François I. & enuoyé pour son Ambassadeur au Concile de Trête, lequel deceda en la Maison de ceans le 23. Avril 1577.

Gilbert Genebrard Professeur en langue Hebraïque; depuis Archeuesque d'Aix fit son Oraison funebre; Et Sceuole de Sainte-Marthe President des Thresoriers de France en la Generalité de Poictou le met au rang des hommes Illustres de son siecle, dans le recueil des Eloges qu'il a fait. Ce grand Prelat ayant soustenu la dignité de sa charge par vne haute reputation qu'il s'estoit acquise par son eloquence, & la parfaite cognoissance des Lettres Grecques & Latines.

40. EN SON LIEV VA MONSIEVR DE RODEZ.] Vn Eloge manuscrit represente partie de la vie de ce fameux Cardinal en ses termes.

GEORGES D'ARMAGNAC, tres-digne & tres-illustre Cardinal, fils de *Pierre d'Armagnac* Cheualier honorable, & Capitaine de cinquante hommes d'armes, est issu d'vne des plus anciennes, des plus nobles, & des plus grandes Maisons de France. Car les *Comtes d'Armagnac* ses Ancestres, tenans autrefois la pluspart de la Guyéne estoient de tout temps alliez des *Ducs de Berry, d'Aniou, d'Orleans, d'Alançon, & de Bourbon*, & des plus grãds Princes & Seigneurs de ce Royaume. Outre les Alliances estrangeres qu'ils auoient, des Maisons Royalles d'*Espagne, de Castille, d'Arragon, & de Nauarre*.

Ce Seigneur donc, vnique seul & dernier d'vne Race tant illustre & fameuse, s'adonna dés son enfance à l'estude des bonnes Lettres & Sciences Liberales, se rendit en peu de temps digne de tout honneur & loüange. Qui fut occasion que *Charles d'Alençon* Prince benin & vertueux, fils de René Cousin germain de *Pierre d'Armagnac* son pere, l'embrassant & cherissant comme son proche parent & allié, le tint priuément fort ieune en sa compagnie, & depuis en receut maints bons & profitables seruices. Mais nommémét vn entr'autres qu'il n'eut sceu iamais assez recognoistre. Car apres la mal-heureuse bataille de Pauie, dont il s'estoit honnorablemét & miraculeusement sauué, Ce ieune Prelat n'eut oncques cesse ny repos, qu'il ne le trouuast comme il fit de bon-heur, & de bonne heure, en vne petite ville, nommée *Monstier en Tarentaise*, où il s'arrestoit blessé, las & fasché, mais l'asseurant de la prise du Roy, & l'acertenât au vray des morts, blessez, noyez, & prisonniers, il le pressa de deloger incontinent, & gaigner la Cité de Grenoble, pour ne tomber és mains *du Comte de Geneue*, qui se hastoit auec quatre cens cheuaux, & quelques bandes Espagnoles, par l'authorité du Duc de Sauoye son frere, pour clore les chemins & attraper le Duc d'Alençon, comme ils eussent fait sans doute. Car ils arriuerent en ce lieu mesme, aussi-tost qu'il en fut party. Tellement que ce bon Prince n'eust pû eschapper sa mort, ou sa prison, à l'heure sans l'auis & diligence de son Cousin.

Il auoit esté mandé auparauant par Madame *Loüyse* Mere du Roy François, lors Regente, vers le Roy son fils qui se retrouuoit encore auec toutes ses forces en Auignon, pour l'induire & persuader, de ne passer plus outre, ny poursuiure plus auant ses ennemis qu'il auoit desia effrayez, & chassez heureusement. Mais la hardiesse & magnanimité du Roy, ne pût oncques s'accorder à la raison du bon conseil qu'il luy donnoit.

Il estoit pour sa discretion & modestie, vniquement aimé de tres-haute & tres-illustre Princesse, feuë de sainte memoire *Marguerite* sœur vnique du Roy François, lors Duchesse d'Alençon, & depuis Reyne de Nauarre, qui ne laissa tãt qu'elle vesquit aucune occasiõ de le hausser & éleuer à grand honneur.

Sur le vingt & huictiesme an de son âge, il fut deux fois esleu Euesque tãt de *Leytoure* premierement, que de *Rhodez* apres, sans brigue ny differend aucun, pour l'odeur & renommée qui couroit de ses merites. Peu de temps apres le Roy l'enuoya pour Ambassadeur à Venise, où il acquit autant de bruit & reputatiõ, qu'autre fut iamais en telle charge : Car (outre plusieurs actes memorables) lors que l'Empereur Charles V. vint en Prouence, il fit tant par son credit & dexterité, que le Comte *Guy de Rangon*, le Seigneur *Canin de Gonzague*, le Seigneur *Cesar Fregose*, & autres grands Seigneurs & Capitaines Italiens, prirent les armes pour le Roy, & partans de la Mirandolle auec vne grande masse de gens tirerét droict à Gennes. Qui fut cause que l'Empereur qui se trouuoit desia auec grande puissance, deuant la Cité d'Aix, fut contraint l'abandonner, & departir ses forces pour renuoyer André Doria auec toute son armée, au secours & deffense de Gennes, quoy voyás les susdits, Capitaines, rebrousserent leur chemin vers le Piedmont, où ils reprirent ce qui estoit perdu, iusques à la ville de Turin, & mirent plusieurs terres & places sous l'obeissãce du Roy.

Il fut encore apres mandé pour Ambassadeur à Rome, aupres du S. Pere Paul III. qui ne voulut frauder ses graces & vertus, du plus grand Ornement & Dignité qu'il pust departir en l'Eglise : Et pour la Prudence, Religiõ & Sagesse qu'il reconnust en luy, le fit Cardinal à l'instance & priere du Roy; & au gré & contentement de tout le monde. Or durant son Ambassade fut faite la journée de Cerisoles, dont le *Comte d'Anguien* tres-heureux & treshardy Prince emporta la victoire; & afin qu'en si fauorable occasion il pût venir au dessus de ses entreprises : Ce Seigneur Ambassadeur vsant de l'estime & credit, qu'il auoit acquis à Rome, luy enuoya secours de huict mil hommes, & d'vn grand nombre de caualerie, qui fut rompu & defait à l'escrime és vallées de Génes par faute de l'arriere-garde, mais neantmoins pour la seconde fois il trouua tant de faueur en Italie, qu'il remit encore sus vne grande masse d'infanterie Italienne sous la conduite, du Seigneur *Pierre Strozzi*, maintenant Mareschal de France, qui passa malgré l'ennemy, & se vint joindre audit Seigneur d'Enguyen en Piedmont, prenant aussi-tost apres la ville d'Albe, qui fut occasion que le Roy François, comme à l'enuy du Pape pourueut aussi lors ce grand Cardinal de grands biens, tesmoignãt par ceste liberale recompense, l'estime qu'il faisoit de sa singuliere vertu.

Il le rappella bien-tost apres de Rome, & le retira pres de sa personne, luy ayant fait entendre qu'il vouloit l'employer en son Conseil Priué, & en ses affaires d'importance : Mais sur ce poinct ce grand Roy trespassa à vne meilleure vie. Le Roy Henry son fils apres, allant auec vne forte & puissante armée en Allemagne, le fit & laissa Lieutenant general au pays de Languedoc, lequel il gouuerna durant sa charge, soigneusement en bonne paix & seureté. Il l'enuoya depuis encore à Rome, où durant ces guerres en la grande diuersité des affaires qu'on a veus en Italie : il s'est tousiours monstré sage & prudent sur tout autre. Maintenant apres vne longue instance de pouuoir visiter ses Eglises & Maisons, il joüist d'vn repos loüable & desiré qu'il employe continuellement, en l'exercice & deuoir d'vn Pasteur, veillant & soigneux ; tel qu'il est, au moyen dequoy, il est aymé, honoré & reueré de son peuple, plus qu'on ne sçauroit croire.

Nature l'a doüé de belles & rares parties autant qu'à personne de nostre âge, car outre la forme de corps belle, & venerable, il est accompagné d'vne douceur & gracieuseté singuliere, mais sur tout de liberalité grande enuers vn chacun, & mesmément enuers les gens doctes & sçauans comme il est. Il est âgé de cinquante-sept ans ou enuiron auiourd'huy, & pour sa temperance & sobrieté dont il vse, il semble disposé d'auoir vne bien longue vie, en laquelle Dieu veille le conseruer & garder auec prosperité.

Georges Cardinal d'*Armagnac* fils de Pierre d'Armagnac Comte de l'Isle en Iourdin & d'Ioland de la Haye sortie des Seigneurs de Passauant, & de Marie d'Orleans de Longueuille nasquit l'an 1500. Il fut premierement Euesque de Rhodez, puis employé par le Roy François I. dans l'Ambassade de Rome dont s'estant acquité dignemét à la priere de sa Majesté le Pape Paul III. le crea Cardinal l'an 1544.

Il fut depuis Archeuesque de Tholose, & enfin d'Auignon où il commanda en qualité de Vice-Legat sous Charles Cardinal de Bourbon, Legat du Comtat Venaissin : laquelle ville & Prouince il deffendit pendant les guerres ciuiles de France sous le Pontificat de Pie IV. Estant Euesque d'Ostie Doyé des Cardinaux, il mourut en la mesme ville d'Auignó l'an 1585. & fut inhumé en l'Eglise Cathedrale, ditte Nostre Dame des Dons. Entre plusieurs vertus qui ont rendu recommandable la memoire de ce Cardinal vne des principales fut, *qu'il auança & fauorisa de tout son pouuoir, ceux qui faisoient profession des bonnes lettres.*

En sa personne fut esteinte la race des anciens Comtes d'*Armagnac* en Guyenne, qui ont autrefois tenu rág

Ciaconius.

1544.

Petramellarius.

Italia sacra.

1585.

de Souuerains en ce Royaume. Ils prenoient qualité de Comtes par la grace de Dieu, ce qui leur fut deffendu sous le regne du Roy Charles VII. & possedoient plusieurs grands Estats & Seigneuries; ils se sont alliez souuent à la Maison de France; Neantmoins les principaux Seigneurs de ceste Tige, ont eu vne fin funeste *Bernard* Connestable de France fut tué dans Paris par la faction de Bourgogne. *Iean V.* Comte d'Armagnac perdit la vie à l'assaut de Leytoure: & *Iacques* Duc de Nemours eut la teste tranchée dans Paris pour desobeissance à son Prince.

Martial de Paris en son Hist.

Comtes d'Armagnac.

MONSIEVR DE MASCON.] *Charles de Hemard* de la Maison de Denonuille en Beausse Cardinal, Euesque de Mascon & d'Amiens, Abbé de S. Pere en Vallée. Ayant long-temps seruy le Roy François I. (qui l'affectionnoit) dans son Conseil d'Estat, il vint en suitte à estre employé dás les Ambassades estrangeres : & succeda en celle de Rome à Iean Cardinal du Bellay ; l'vn & l'autre par la faueur de ce

47.

*1536.

Prince ayans esté honorez de la pourpre l'an 1536. sous le Pape Paul III. Et comme le Roy luy departoit ces bonnes graces, il le gratifia de l'Euesché de Mascon, & en suitte de celuy d'Amiens, qu'il gouuerna auec vne approbation si generale, qu'il en remporta le surnom de *Bon Pasteur* ayant tenu ceste derniere Prelature iusques en 1540. le 23. Aoust qu'il

1540.

passa de ceste vie en vne meilleure. Ceux qui desireront de voir de plus amples particularitez de sa vie doiuét consulter les ouurages des Autheurs qui ont escrit des Cardinaux.

L E R O Y A P R E S E N T E' A V P A P E

Ead. pag.

P O V R E S T R E L E G A T L E C A R D I N A L D E L O R R A I N E.]

Iean Cardinal de Lorraine du tiltre de S. Onufre, creé par Leon 10. l'an 1518. nasquit du mariage de René II. Duc de Lorraine & de Bar, & de Philippes de Guedres & d'Egmond l'an

1498.

1498. il posseda en sa vie, & eut l'administration des plus belles Prelatures de France, à sçauoir les Archeueschez de Lyon, de Rheims,

& de Narbonne. Les Euefchez de Mets, Toul, Verdun, Therouenne, Alby, Valence & Luçon. Fut encore Abbé & Prince de Gorze, de Fefcāp, de Clugny, de Marmoutier, & Legat du S. Siege par toute la Lorraine. Ayāt acquis aupres des Roys François I. & Héry II. le premier degré de faueur fa capacité parut en beaucoup de negotiatiōs qu'il fit en Italie pour la Frāce, & en l'élection de plufieurs Papes où il affifta : retournant du Conclaue auquel auoit efté efleu le Pape Iules III. il mourut le 18. May l'an 1550. fon corps fut porté à Ioinville, Tombeau de la Maifon de Guife. Et la defpoüille de fes Benefices fut donnée par le Roy à Louis de Lorraine Archeuefque de Rheims premier Pair de France, *Cardinal de Guife* fon neueu, depuis appellé Cardinal de Lorraine.

Hiſt. de la Maiſon de Lorraine.

1550.

D'*Anthoine Duc de Lorraine* & de Bar frere aifné de ce Cardinal, font iffus les Ducs de Lorraine, defquels eft chef à prefent *Charles III.* Duc de Lorraine & de Bar qui a efpoufé *Nicole*

Ducs de Lorraine.

heritiere Duchesse de Lorraine, dont il n'a enfans. *Nicolas François* Duc de Lorraine, frere de Charles a eu pour fils Leopold Charles de Lorraine de son mariage auec Claude de Lorraine sœur de Nicole.

De Claude de Lorraine Duc de Guise, est sortie vne ample posterité des Ducs de Guise & de Ioyeuse, de Mayéne, de Chevreuse, d'Aumale, d'Elbœuf & Comtes de Harcourt : L'aisné de ceste Branche & Maison qui est establie en France, & la plus ancienne Ducale de l'Europe est *Henry de Lorraine II.* Duc de Guise Prince de Ioinville Comte d'Eu Pair de France.

Ducs de Guise.

47.
LE IARDIN SECRET DV S. PERE DE BELVEDER.] En la ville de Rome sont de beaux Iardins qu'ils appellent presque tous vignes ; & qui sont accompagnez de Maisons de plaisance, ornés de statuës & de peintures : mais entre les plus renommez qui appartiennent au Pape sont ceux de *Belueder* & de *Montecaualle*, les autres considerables sont ceux des Borgheses, des Medicis, Mattei, Iustinian, Aldobrandin,

brandin, Farnese, Colonne, Montalto & autres.

L'Autheur du Liure des Merueilles de la nouuelle & vieille Rome d'escrit ce lieu de Belveder en ces termes :

Inter Palatium Apostolicum & Palatium Innocentij VIII. *tua sanctitas,* (*Julius* II.) *Construxit ædificium perpetuum, ope sumptuoso, varijs lapidibus & æneis, marmoreisque statuis exornatum. Omitto loca pulcherrimè depicta, in quibus ciuitates Italiæ celeberrimæ depictæ visuntur. Omitto loca amplissima & amoena, Dorico more constructa cum turribus, balneis, & aquæductibus. Sunt ibi nemora ferarum & auium: Omitto loca sumptuosissima, Thermarum more constructa: adeo quod equester, per latum & altum parietem, tripliciter ab vno palatio ad aliud facilè peruenitur, maxima Pontificum Cardinalium que*

Descriptio de Beluidere.

Q

commoditate vnà cum vtilitate & pulchritudine. Omitto locum pro conclaui designatum, à tua Beatitudine & montes ipsos adæquatos, & valles adimpletas. Et alia multa ibidem maximis sumptibus, breuiquè curriculo temporis constructa, quæ omnia aliam vrbem demonstrant, &c.

49. CELLES DE LEGVGE'.] C'est vn Prieuré en bas Poictou qui appartenoit à l'Euesque de Maillezais d'Estissac, où il se diuertissoit à cause de la beauté du lieu qui est tres-fertile & propre pour le jardinage, maintenant les Iesuites en sont maistres.

52. I'AY DIEV MERCY EXPEDIE' MON AFFAIRE, ET LE S. PERE ME DONNE DE SON GRE' LA COMPOSITION DES BVLLES.] C'estoit l'Absolution que *Rabelais* impetra du Pape Paul III. à la faueur du Cardinal du Bellay de l'Euesque de Mascon & de l'Ambassadeur de France: Pour auoir quitté la Religion des Cordeliers de la ville de Fontenay le Comte en Poictou. Par

la signature qui en fut expediée en sa faueur au Consistoire est exposé, qu'il s'estoit rendu Religieux en l'Abbaye de Maillezais par la permissiõ du Pape Clemẽt 7. mais que depuis estãt sorty du Cloistre, & ayant pris l'habit de Prestre seculier, il fut long-temps au grand scandale de l'Eglise vagabond çà & là, iusques à ce qu'il se mit à faire profession de la Medecine, & prit ses degrez de Docteur, ce qui donna lieu à sa vie libertine, & aux censures Ecclesiastiques lancées contre luy; dont il eut absolution de Paul III. le 17. iour de Ianuier 1536. qui luy permit de retourner à Maillezais, & sans faire tort à la profession Ecclesiastique de pouuoir par charité seulement & sans aucun gain, exercer librement la Medecine en la Cour Romaine, & par tout ailleurs qu'il luy plairoit.

Floretum Philosophicum.

LA ROQVA COMMENCEE EN FLORENCE.] C'est vne Citadelle accõpagnée de deux forteresses bien bastionnées, qui fut en ce temps bastië à Florence viuant le Duc Alexandre de Medicis, pour brider le peuple qui estoit assez mutin.

56. LE CHASTEAV CAPOVAN EN LA VILLE DE NAPLES.] Il y a trois Chasteaux dans Naples, ceux de S. Elme, de l'œuf, dit *Castel d'el ouo*, & le Capoüan, appellé ainsi estant prés la porte Capoüane, qui estoit autrefois considerable pour sa force, & est destiné à present aux assemblées de la ville & conseils de la justice, plustost qu'à vne forteresse de guerre.

Ead. pag. SA BASTARDE FIANCEE AV DVC DE FLORENCE.] *Marguerite d'Austriché*, fille naturelle de Charles Quint, Duchesse de Florence, de Parme, & de Plaisance, Gouuernante des Pays-bas, l'vne des Heroines du siecle passé, eut pour mere Marguerite Vangestin. Comme elle estoit doüée d'vne grande beauté, l'Empereur son pere prit le soin de la faire éleuer chez sa tante Marguerite fille de Maximilian I. Empereur jusques à huit ans, qu'elle fut enuoyée à la Cour de Marie Reyne de Hongrie pour y estre instruite en personne de sa naissance, & elle y reüssit parfaitement, s'estant renduë en peu

Vie de Marguerite Duchesse de Florence.

de temps vn vray exemple des vertus de cette grande Princesse.

Hercules Prince de Ferrare rechercha *Marguerite* en mariage: puis elle fut espousée par Alexandre de Medicis sept ans apres auoir esté fiancée; ce qui seruit à ceux de la Maison de Medicis pour establir leur Principauté de Florence. Les nopces se firent en la ville de Naples auec vn superbe appareil, Alexandre ayant esté mandé de Toscane, & Marguerite d'Austriche des Païs-bas où elle demeuroit. Charles V. reuenant de l'expedition d'Afrique honnora la ceremonie de sa presence.

Famiani Strada de Bello Belgico. T. 1. l. 1.

Ce mariage ne fut pas long-temps heureux, le Duc Alexandre ayant esté tué au mesme an de ses nopces. Cosme de Medicis son successeur la demanda en mariage, & l'Empereur qui auoit desia assez obligé la Maison de Medicis en la rendant Souueraine, voulut gratifier celle de Farnese, faisant espouser l'an 1538. cette Princesse veufue à *Octauian Farnese* Duc de Parme & de Plaisance. L'an 1559. ayant esté

Thuanus. désignée Gouuernante des Païs-bas & du Comté de Bourgogne apres Philippes Prince d'Espagne, elle y fut receuë auec grand applaudissement, & gouuerna ces Prouinces auec beaucoup de satisfaction des Flamans: Elle eut pour principal Ministre & Chef de son Conseil secret *Antoine Perrenot* Cardinal de Granuelle, nommé à sa priere par le Pape Pie IV. qu'elle fit éloigner depuis du Gouuernement par vne secrete jalousie.

Sous son administration les Paysbas furent en paix, & troublez seulement vn peu de temps par la faction des Queux & des heretiques, laquelle s'éleua contre elle, l'ayant dissipée en peu de jours par sa vigilance & bonne conduite. Elle maintint auec vne haute reputation ces Prouinces en l'obeïssance du Roy Catholique, jusques à ce qu'elle pria sa Majesté de la dispenser du Gouuernement, qui fut donné à son fils Alexandre Duc de Parme, Prince fameux en l'Art militaire.

Ceste genereuse Princesse eut de

tres-loüables qualitez, fut doüée d'vn courage martial & infatigable, d'vn esprit vif, penetrant, & capable de grandes choses. Elle mourut l'an 1586.

Le celebre Historien Famian Strada Religieux de la Compagnie de Iesus, dans sa Decade de la Guerre Belgique, en la premiere partie, décrit amplement la vie de cette grande Princesse, & de son fils le Duc de Parme.

LE PRINCE DE SALERNE VICE-ROY DE NAPLES.] 56.

Ferrant de S. Seuerin Prince de Salerne, Comte de Marsico, fils de Robert de S. Seuerin Prince de Salerne, & de Marine d'Arragon de Villahermosa, nasquit l'an 1507. Estant paruenu en age de porter les armes, il se trouua dans Naples lors qu'elle fut assiegée par les François sous la conduite du Seigneur de Lautrec; puis fut pris prisonnier par André Doria auec le Marquis du Guast, & Ascagne Colomne, au combat naual donné deuant ceste ville pour son secours.

Il fut General de l'Infanterie Ita-

Vie du Prince de Salerne.

lienne lors que l'Empereur Charles V. fut à Tunis, & l'accompagna aux expeditions de Prouence & d'Alger; En suite il exercea la mesme Charge en la celebre bataille de Cerizolles, gaignée par vn Prince de la Maison de Bourbon, & vainquit Pierre Strozzy, assista au combat de S. Disier, & fut deputé du peuple Napolitain vers l'Empereur en Espagne, afin que l'Inquisition ne fut point establië dans ce Royaume : ce qu'il ne pût obtenir à cause de la rebellion des Napolitains contre Pierre de Tolede leur Vice-Roy.

Ce Prince de Salerne estant retourné à Naples il y fut magnifiquement receu ; honneur qui donna jalousie au Vice-Roy, qui luy fit tant de mauuais offices, qu'il fut contraint de se retirer de Naples, d'abandonner le party de l'Empereur, & se refugier à la Cour du Roy Henry II. duquel il fut fort bien receu, & sous son authorité fit le voyage de Constantinople vers Solyman, afin d'obtenir des forces pour recouurer les Estats qui luy auoient esté ostez par les Espagnols, mais il n'y gaigna rien : de sorte qu'autant qu'il auoit esté consideré & magnifique, autant fut-il miserable & abandonné sur la fin de ses jours, qu'il termina sans laisser posterité ; Et en luy finit la branche aisnée de la tres-ancienne & illustre Maison de S. Seuerin au Royaume de Naples.

LE MARQVIS D'EL VAST.] *Alfonse d'Aualos & d'Aquin*, Marquis du Guast & de Pescaire, Gouuerneur de Milan, l'vn des excellens Capitaines de son temps, dont Guichardin fait mention. Sa vie ayant esté particulierement décrite par Paul Ioue Euesque de Nocera. Il nasquit du mariage d'Inigo d'Aualos Marquis du Guast, & de Laure San-Seuerin d'Arragon des Princes de Bisignan le 25. de May 1502. & seruit l'Empereur Charles V. en toutes les plus belles Charges de la guerre en l'Italie & en la bataille de Pauie. Ce Prince pour recompense de ses seruices, le gratifia de son Ordre de la Toison d'or, du Gouuernement du Duché de Milan,

Esd. pag.

Nobiliario Genealogico de Espagna l. 3.

Guichardin

& de la Charge de Capitaine General en Italie, qu'il exerça apres Antoine de Leue.

Le fameux Poëte Louis Arioste luy a dressé cet Epitaphe.

Quis iacet hoc gelido sub Marmore? Maximus ille,
  Piscator, belli gloria pacis honor.
Numquid & hic pisces cepit? Non ergo. Quid? vrbes
  Magnanimos Reges, Oppida, Regna, Duces.
Dic, quibus hæc cepit Piscator? Retibus, alto
  Consilio, intrepido corde, alacrique manu.
Qui tantum rapuere Ducem? Duo Numina, Mars, Mors.
Vt raperent, quid compulit? Inuidia. Nil nocuere sibi? viuit nam fama superstes,
  Quæ Martem & Mortem, vincit & Inuidiam.

EPIST. DE RABELAIS. 151

LE DVC D'ALBE.] *Ferdinand* *Vie du Duc*
Aluares de Tolede III. Duc d'Albe & *d'Albe.*
de Huesca, Marquis de Coria, Comte
de Saluaterra Cheualier de la Toison *Famianus*
d'or, fils de Garcie Aluarez de Tole- *Strada de*
de, Duc d'Albe, Capitaine General *Bello Bel-*
du Roy Catholique en Afrique, & de *gico, Dec. 1.*
Beatrix Pimentel. Cestuy-cy dont
nous parlons paruint par son conseil, *Nobiliario*
sa vigilance dans les armes, & vn cou- *de Espagna*
rage releué à entreprendre des actions *l. 4.*
de haute reputation à vn si grand de-
gré de gloire qu'il s'acquist dans son *Imperatorū*
siecle au recit des Autheurs Espa- *Regum Co-*
gnols le Tiltre *de la gloire & splendeur* *mitū Baro-*
d'entre les Grands Capitaines de la nation *num aliorū*
Espagnolle. *clarissimo-*
rum viro-
L'Empereur Charles V. l'eut en par- *rum.*
ticuliere estime, & l'accompagna en *Verissimæ*
tous ses exploicts militaires, en la *imagi⁹, &c*
guerre de Tunis, d'Alger, d'Allema- *Auth. Ia-*
gne, & au siege de Mets : Depuis il eut *cobo Sche-*
la conduite de l'armée qui vainquit *tKio.*
l'Electeur de Saxe Ieā Frederic. Apres
la mort de cet Empereur il seruit non
moins vtilement son fils & successeur Philippes II. Roy d'Espagne,

qui le destina Gouuerneur de Milan, en la place de Ferdinand de Gonzague, puis exercea la charge de Viceroy & Capitaine general du Royaume de Naples : Auquel temps la guerre ayant esté declarée entre le Roy son Maistre, & le Pape à raison de Marc Anthoine Colomne, & pour d'autres considerations d'Estat : il mit sur pied de grandes forces auec lesquelles, il reduisit Terracine, Anagni, Tiuoly & plusieurs autres places de l'Estat Ecclesiastique, & garātit le Royaume de Naples contre les efforts du Duc de Guise General des trouppes du Pape.

En suitte le Traicté de paix s'estant terminé heureusement entre le Roy d'Espagne Philippes II. cestuy-cy enuoya le Duc d'Albe, tant pour ratifier ceste paix, que pour demander par vne magnifique Ambassade la Princesse Isabelle en mariage.

Apres que le Duc d'Albe se fust acquité de ceste Legation à la grande satisfaction de son Prince, il passa aux Pays-bas l'an 1560. auec vne puissan-

Thuanus.

te armée pour succeder au Gouuernement absolu de ces grandes Prouinces, possedé par Marguerite d'Austriche Duchesse de Parme. Mais il n'en vsa pas auec la mesme moderation qu'auoit fait ceste Princesse, puis que par vne seuerité & rigueur extreme il fut cause du souleuement des Pays-bas, en faisant trancher la teste à Lamoral Comte d'Egmód, & à Philippes de Montmorency Comte de Hornes sous pretexte d'auoir entrepris quelques trames contre le seruice du Roy Catholique, & pour tenir en bride le peuple d'Anuers, il fit construire la forte Citadelle qui s'y voit encore: deffit en bataille Louis Comte de Nassau, & prit la ville de Hainaut.

Emmanuel de Meteren Hist. des Pays bas.

Voyát qu'il s'estoit acquis l'inimitié de la Noblesse & du peuple, qu'il traitta indignement, il retourne en Espagne, où le Roy Catholique l'hónora de la Charge de Lieutenant General de son armée, pour la conqueste de Portugal, qu'il reduisit & vnit à la Couronne de Castille, ayant deffait en bataille navalle le Roy Anthoine & pris Lisbonne Capitale du Royaume.

1582. Ses exploicts militaires finirent en la derniere Cōqueste qu'il fit de Isles Azores, & apres auoir consommé sa vie dans les plus beaux emplois qu'ait eu General d'armée de son temps, il vint finir ses iours à Lisbonne chargé de gloire & d'années l'an 1582. meritant le iuste Tiltre de l'vn des grands Capitaines & Chefs de guerre de son siecle. Ayant rendu de grāds seruices à la Couronne d'Espagne en la guerre d'Allemagne contre les Protestans, dont il abbatit la Ligue, conserua les Royaumes de Naples & de Portugal. De sa femme *Marie Henriquez*, fille de Diego Comte d'Alua, sont descendus les Ducs d'Albe & de Huesca qui sont des plus considerables d'auiourd'huy entre les grands d'Espagne.

57. MIREBALAIS.] Pays de la Prouince de Poictou, dont la principale ville est Mirebeau, esloignée de Poictiers enuiron six lieuës. Fouques

Nerre Comte d'Anjou Seigneur de ce lieu, fit baſtir l'ancien chaſteau qui s'y void à preſent, dãs l'enclos duquel a eſté fondée l'Egliſe Collegiale de Noſtre Dame, par Maurice de Blazon Eueſque de Poictiers l'an 1200. Barthelemy de Vendoſme Archeueſque de Tours l'eut en don de Geofroy Comte d'Anjou, & apres luy en fut Seigneur par le bien-fait du meſme Prince, Guillaume qui ſe qualifie *Prince du Chaſteau de Mirebeau* au Cartulaire de Bourgueil. *Thibaut Seigneur de Blazon* luy ſucceda, ſur lequel Geoffroy Martel cõfiſqua la Seigneurie, pour cauſe de rebellion, & la donna par teſtament au Comte Geoffroy ſon fils, auec les villes de Loudun & de Chinon, ce que Henry Roy d'Angleterre ſon frere n'ayant pas agreable, il prit ces trois places apres vn long ſiege, comme raporte vn celebre Hiſtorien Anglois.

Depuis fut fait vn accord par lequel la terre de Mirebeau demeura au Roy Henry II. apres la mort duquel eſtant ſuruenu vn grand debat, pour la ſuc-

Seigneurs de la Baronnie de Mirebeau.

Geſta Conſulum Andegauenſiũ.

Ioannes Maioris Mon. Monach.

Matthæus Paris.

Guil. Brito Philippidos l. 6.

cession entre Artus fils de Geoffroy, & son oncle Iean Sans-Terre soustenu par le Roy Philippes Auguste, il assiegea & prit Mirebeau, où estant acouru le Roy d'Angl. par la trahison de Iean des Roches grand Seneschal d'Anjou. Artus fut fait prisonnier, & depuis inhumainement tué par son oncle. Pour ce parricide Mirebeau fut confisqué par le Roy, & vny au Domaine de la Couronne, apres vne forte guerre entre le Roy Philippes & celuy d'Angleterre, iusques à ce qu'il fut donné pour partie de l'Appanage de la Comté d'Anjou, à Charles I. Roy de Sicile & de Ierusalem, frere du Roy S. Louis, qui laissa en mariage ceste Baronnie à Charles Comte de Valois, fils du Roy Philippes le Hardy, espousant Marguerite de Sicile sa petite fille, le mesme l'ayant depuis cedée au Prince Philippes son fils comme Comte d'Anjou, & depuis Roy de France VI. du nom, qui estant paruenu à la Couronne y reünist la ville de Mirebeau 1318.

1318.

Depuis ceste Baronnie passa en la famille

famille des *Comtes de Rouſſy*, dont elle fut retirée des mains d'Iſabelle Comteſſe d'Anjou, par Louis fils de Fráce Duc d'Anjou, pere du Duc Louis II. qui l'an 1405. donna Mirebeau auec Saumur en doüaire, à Yoland d'Arragon ſa femme, laquelle engagea ce Patrimoine ponr vnze mil Royaux d'or, au Seigneur de Bueil, dont il fut retiré par Louis III. Duc d'Anjou 1419.

Treſor des Chartes de France.

1405.

1419.

En ſuitte *René Roy de Sicile*, pour la reſtitution de dot de Marie de Bourbon, femme du Duc de Calabre ſon fils, l'engagea au Duc de Bourbon 1478. Apres la mort de René, Louis XI. la reünit au Duché d'Anjou par droict de reuerſion, & en gratifia l'an 1482. *Anne de France* ſa fille, femme de Pierre de Bourbon Seigneur de Beaujeu, laquelle la ceda encore à Ieanne ſa ſœur naturelle Comteſſe de Rouſſillon. Sa fille Anne de Bourbon Dame de Mirebeau eſpouſa Iean Baron d'Arpajon qui ceda ſon droict à Iean Cardinal Bertrand, pendant que ceux de la maiſon de Bourbon ayans fait

1478.

R

cession de la mesme chose, long-têps auparauant à l'Admiral de Culant, ses heritiers remirent leur droict au Seigneur de Blanchefort, & donnerent occasion à vn grand procez terminé par vn Arrest de l'an 1572. Depuis lequel les Ducs de Montpensier de la Maison de Bourbon ont possedé ceste Baronnie iusques en l'an 1600. que *Catherine Henriette de Ioyeuse* Doüairiere de Montpensier l'achepta pour remplacement de ses propres allienez par les tuteurs de Marie de Bourbon Duchesse d'Orleans, laquelle doüairiere de Montpensier l'a depuis venduë à Ieanne de Cossé Dame de la Rochepot. Louis Gouffier Duc de Rouannois l'a possedée apres elle; & à present ceste Baronnie fait partie de la Duché de Richelieu erigée en la faueur d'Armand Iean du Plessis Cardinal de Richelieu par le Roy Louis XIII. l'an 1631.

1572.

Ead. Pag.

D'Auity.

PASQVIL A FAIT NAGVERES VN CHANTONET.] La statuë de Pasquin à Rome pres le champ de Flour, est renommée par tout le monde pour les Satyres qu'on y met presque tous les iours. On a voulu persuader aux Papes de l'oster de ce lieu, afin d'empescher, tant d'affiches de raillerie & de medisance, mais vn Pape respondit à ceux qui luy conseilloient de la faire jetter dans le Tybre, qu'il auoit peur qu'il s'y conuertist en grenoüilles & criast desormais iour & nuict au lieu qu'on ne l'oyoit que de iour.

LE CARDINAL RODOLPHE.] *Nicolus Cardinal Rodolphi* Archeuesque de Salerne, posseda aussi les Eueschez de Florence, de Vicenze, de Viterbe & la Legation du Patrimoine de l'Eglise, il paroist par les importans emplois qu'il eut sous les Papes cōme il estoit grand homme d'Estat, ce qui le fit designer Souuerain Pontife, mais les suffrages n'eurent lieu à cause de sa mort soudaine aduenuë apres celle de Paul III.

Rabelais en ceste Epistre semble taxer ce Cardinal par raillerie de peu de capacité; quoy qu'il fust en ce tēps là employé dans la negotiation, du moins il se recōnoist par l'Epistre XII.

58.

Ferdin. Vghellus.

Ciaconins.

du Seigneur Gabriel Simeon, escrite à Donat Iannot Orateur & Poëte Grec & Latin, quel fut le regret de sa mort arriuée l'an 1550. Lors qu'il dit, *Helas amy, est-il possible qu'on ait fait mourir si soudainement (ainsi qu'on dit) nostre pauure Rodolphi, lequel entre les bons Cardinaux estoit nostre seule esperance.*

59.   MADAME RENEE EST ACCOVCHEE D'VNE FILLE.] Lucrece d'Est, laquelle fut depuis mariée auec *François Marie de la Roüere* II. du nom Duc d'Vrbin, de laquelle ce Prince ne laissa enfans estant decedée 1598.

ELLE AVOIT IA VNE AVTRE BELLE FILLE AGEE DE SIX ANS.]

Ead. pag.

C'estoit Anne d'Est ou de Ferrare, Duchesse de Guise & de Nemours, de Geneuois & de Chartres, tres-ver-

Thuanus.

tueuse Princesse, laquelle le Roy Henry II. desira estre mariée à François

Lorraine, Guise.

de Lorraine, alors Duc de Guise, l'hōneur & la gloire de la tres-ancienne Maison de Lorraine, ce qui fut executé à Moulins l'an 1548. & de cet hymenée sortit vne nombreuse & tres illustre posterité de Princes dont restét auiourd'huy des rejettons. Apres la mort de son espoux tué au siege d'Orleans, elle passa en secondes nopces 1566. auec Iacques de Sauoye Duc de Nemours & de Geneuois, puisné de la Royale Maison de Sauoye, qui rendit de signalez seruices en France & en Italie à nos Monarques, lequel enfin deceda à Annessy l'an 1583. dõt le petit fils Charles Amedée, auiourd'huy Duc de Nemours, de Geneuois, & autres Terres, par l'alliance qu'il a pris auec Isabelle de Vendosme, est Chef de ceste tres-illustre branche, Enfin ceste Duchesse, digne mere de tant de braues Princes, deceda à Paris l'an 1607. plusieurs luy ayans justement donné les Eloges de l'vne des plus grandes & vertueuses Princesses de ce siecle ; Et le sçauant President de Thou dans son Histoire l'appelle vne veritable Heroïne. Le Docte & pieux Hilarion de Coste, Religieux Minime, en son Histoire des vies des Dames Illustres, au Tome premier, descrit fort amplement la vie de ceste Princesse.

Sauoye, Nemours.

VN PETIT FILS AGE DE TROIS ANS.]
Il s'appeloit Alfonse II. Duc de Ferrare, de Regge & de Modene, Marquis d'Est, Prince de Carpy; lequel heritant de la valeur de ses Ancestres, secourut l'Empereur Maximilian II. contre le Turc, & le vint trouuer en Hongrie l'an 1566. mais il eut le regret de ne laisser aucune posterité de ses trois femmes Lucrece de Medicis, Barbe d'Austriche, & Marguerite de Gonzague Mantouë. Par sa mort auenuë l'an 1597. le Pape Clement VIII. reünit ce beau Duché de Ferrare au Domaine de l'Eglise; & Cesar d'Est, fils naturel d'Alfonse I. Duc de Ferrare, fut contraint de quitter ses pretentions, & se contenter de ceux de Modene & de Regge, & de la Principauté de Carpy, dont est Chef aujourd'huy en Italie François III. d'Est Duc de Modene.

LE SEIGNEVR PIERRE LOVIS.]
Pierre Louis Farnese fut institué par son pere l'an 1545. premier Duc *de Parme & de Plaisance*, & Gonfalonier de l'Eglise : Charge qui est demeurée

comme hereditaire à sa posterité. Ce Prince attira tellement la haine de ses sujets contre luy, à cause de ses tyrannies & mœurs déreiglés, qu'auec l'intelligence de Ferdinand de Gonzague qui tenoit le party de l'Empereur, l'on dressa vne conjuration contre luy si dextrement conduite, qu'il fut tué à Plaisance au mois de Septembre 1547. ayant procreé de *Hieronyme des Vrsins*, fille de Louis des Vrsins Comte de Pitiliane, *Octauian Farnese* Duc de Parme & de Plaisance, Prefect de Rome, & Gonfalonier de l'Eglise, lequel de *Marguerite d'Austriche*, fille naturelle de l'Empereur Charles V. engendra le vaillant Prince *Alexandre Farnese* Duc de Parme, Gouuerneur des Pays-bas, dont les glorieux faits d'armes ont rendu la memoire celebre. Celuy-cy de *Marie de Portugal* fut pere de *Rainuce I.* Duc de Parme & de Plaisance, qui de *Marguerite Aldobrandin*, petite niepce du Pape Clement VIII. a esté pere du Duc *Edouard*, espoux de *Marguerite de Medicis*, fille de Cosme M. Grand Duc de Toscane,

Genealogie des Ducs de Parme.

R iiij

qui ont eu pour fils *Rainuce Farnese II.* Duc de Parme, de Plaisance & de Castro.

63. ET AVOIT LE PAPE VNE SŒVR BELLE A MERVEILLES.] *Iulie Farnese* sœur du Pape Paul III. fille de Pierre Louis Farnese Gentil-homme Romain, & de Ieanne Caietan de Sermonette, laquelle se laissa aller aux amours du Pape Alexandre VI.

64. VN ESPAGNOL PAPE.] *Roderic Borgia* natif de Valence en Espagne, fils de Geofroy Lenzola Cheualier, & de la sœur de Calixte Troisiéme son oncle, qui le designa Archeuesque de Valence, & l'an 1456. le crea Cardinal & Chancelier de l'Eglise Romaine. Par apres il fut fait Euesque d'Albe & de Port par le Pape Sixte IV. Enfin Innocent VIII. estant mort l'an 1492. les Cardinaux le declarerent Pape en son lieu, & changeant son nom, se fit appeller *Alexandre VI.* Guichardin, Onuphre, & autres, affirment que ce Pape acheta les voix de ses Cardinaux, partie en deniers comptans, partie par promesse d'Offices &

1456.

A. du Chesne Hist. des Papes T. 2.

Benefices, entre lesquels furent principalement les Cardinaux Ascagne, d'Ostie & de S. Georges, qui depuis estans suspects furent bannis de la Cour Romaine. Le mesme Guichardin adjoûte, *Qu'en la personne éleuë n'y auoit point de sincerité, nulle foy, nulle religion, vne auarice insatiable, vne ambition immoderée, & vn desir ardent d'éleuer en quelque façon que ce fut ses enfans naturels, qui estoient en grand nombre.* Bref sous luy l'Eglise & l'Italie souffrirent vn grand & notable changement, & endurerent par son moyen beaucoup de miseres & de calamitez.

Or parmy tant de vices & de defauts il auoit de grands auantages de nature: Car Guichardin confesse, *qu'il estoit doüé d'vne diligence & viuacité singuliere, d'vn cõseil prompt, d'vne efficace à persuader, & aux affaires d'importance d'vn soin & dexterité presque incroyable.* Ce Pape donna le titre & surnom de Catholique à Ferdinand Roy d'Arragon, auec la nouuelle descouuerte des Terres neufues; Fut contraint de receuoir le Roy Charles VIII. triomphant dans Rome, allant à la conqueste du Royaume de Naples. A son retour fit Ligue auec les autres Princes d'Italie, qui fut rompuë à la memorable bataille de Fornouë. Et sous son Pontificat se passerent plusieurs euenemens de guerre.

Reste à contempler sa miserable fin, dont Guichardin entre-autres, Autheur irreprochable, recite particulierement l'histoire, & raconte l'accident estre arriué de la sorte. Il remarque donc que cet *Alexandre* estant au comble de ses plus grandes esperances, s'en alla soupper en vne vigne proche du Vatican, pour prendre le plaisir de la fraischeur; que de là tout soudainement il fut aporté tout mourant au Palais Pontifical auec son fils; & le iour ensuiuant 18. Octobre 1503. porté mort en l'Eglise de S. Pierre, noir, enflé, & tres-diforme, signes tous manifestes de poison, lequel toutefois le Valentinois son fils surmōta, tant par la vigueur de l'âge, que par les fortes medecines & contrepoisons dont il vsa, & en eut la vie sauue, bien

Liure 6.

qu'opprimé d'vne longue maladie. Ce qui selon le bruit commun arriua de cette sorte.

Cesar auoit deliberé d'empoisonner Hadrian Cardinal de Cornette, en la vigne duquel ils deuoient soupper ; & pour ce sujet enuoya deuant certains flacons de vin infecté de poison, lesquels il fit bailler à vn seruiteur qui ne sçauoit rien de l'affaire, auec ordre precis que personne n'y touchast : mais d'auanture le Pape Alexandre suruint deuant l'heure du soupper, lequel pressé de la soif & de la chaleur immoderée qui faisoit lors, demanda à boire ; & d'autant qu'on n'auoit encore apporté son soupper du Palais, celuy à qui l'on auoit baillé le vin en garde, estimant que l'on luy eut baillé à serrer comme vn vin fort excellent, luy en donna à boire ; & son fils arriué pendant qu'il beuuoit, ne se ressouuenant plus de rien, ny de ce que luy-mesme auoit preparé, se mit semblablement à boire du mesme vin empoisonné. Ainsi tomberent-ils eux-mesmes dans la fosse & dans les pieges qu'ils auoient preparez aux autres. Le mesme Guichardin adjoûte en suite, que toute la ville de Rome accourut auec vne allegresse incroyable à sainct Pierre autour du corps mort d'Alexandre, les yeux ne se pouuans rassasier de voir mort & éteint vn serpent, lequel auec son immoderée ambition & pestifere déloyauté, & auec tous les exemples d'horrible cruauté, de luxure monstrueuse, & d'auarice non entenduë, vendant sans distinction les choses sainctes & prophanes, auoit infecté tout le monde: & neantmoins auoit esté accompagné d'vne tres-rare & presque perpetuelle prosperité dés son ieune âge jusques à la fin de sa vie.

 Le Pape Alexandre eut des enfans, *Cesar Borgia* Duc de Valentinois & de Romandiole, Gonfalonier de l'Eglise, qui espousa Charlote d'Albret sœur de Iean Roy de Nauarre, dont il ne laissa lignée. De son autre fils sont descendus les *Ducs de Gandie*, Seigneurs à present illustres en Espagne.

 Le Pape d'vne Dame Romaine eut vne fille mariee a Bauge

Ducs de Gandie.

65.

COMTE DE S. FIORE.] *Constance Farnese* eut pour mary Boso II. du nom, *Comte de Sancta Fiore*, d'Arquaro, & d'autres Seigneuries dans le Plaisantin, fils de Federic Sforza Comte de saincte Fleur, & de Barthelemie des Vrsins. De cette alliance sortirent plusieurs enfans : Ascanio Comte de saincte Fleur, dont la posterité est finie en bastards : *Mario* Sforce Comte de Valmonté, General des trouppes du grand Duc, fut pere de *Federic* Duc de Segny, & celuy-cy d'*Alexandre* Prince de Valmonté, Duc de Segny, Cheualier de l'Ordre du S. Esprit, pere de *Mario* Sforse II. du nom, Duc d'Onane, & de *Federic* Cardinal Sforse qui a eu la Charge de Vice-Legat & de Gouuerneur General en la Legation d'Auignon, creé Cardinal par le Pape Innocent X. Mario Sforce Duc d'Onane, Comte de saincte Fleur, a esté allié auec *Renée de Lorraine* fille de Charles Duc de Mayenne & d'Aiguillon, & de Henriette de Sauoye. De ceste alliance est sorty le Duc Sforse, d'Onane & de Segny, Prince de Val-

Maison de Sforse, & les Comtes de saincte Fleur.

monté, qui s'est allié en la Maison des Colomnes.

Ead. pag.

LES DEVX PETITS CARDINAVX DE S. FLEVR.] L'aîsné s'appelloit *Guy Ascagne* Sforce, Cardinal & Legat de Bologne, dit le Cardinal de saincte Fleur, qui receut la Pourpre de son oncle maternel l'an 1534. & posseda les Eueschez de Parme & celuy de Lodeue en France, fut aussi Camerlingue de l'Eglise Romaine, Legat de la Romagne & du S. Siege en Hongrie contre les Turcs. Il eut la protection des Affaires d'Espagne à Rome. Et enfin mourut apres auoir eu diuers emplois considerables, le 7. Octobre 1564.

Guy Cardinal de S. Fleur.
1534.

1564.

Alexandre Sforse Cardinal de saincte Fleur son frere, pourueu de l'Euesché de Parme, fut nommé Cardinal par le Pape Pie IV. l'an 1565. Gregoire XIII. successeur de Pie, le destina Legat du Domaine Ecclesiastique. Et de la Romagne, où il se comporta dignement iusques au temps de sa mort, auenuë à Macerata en la Marque d'Ancone le 16. May 1581. & fut

Alexandre Cardinal de S. Fleur.
1565.

1581.

inhumé à Saincte Marie Maieur. Le celebre Paul de Foix Archeuesque de Tholose en ses Lettres, rapporte qu'il estoit frere du Comte de S. Fleur qui amena en France le secours que le Pape Pie enuoya au Roy Charles IX. contre les Religionnaires.

Pierre Louis a espousé la fille du Comte de Seruelle, & en a enfans entr'autres le petit Cardinalicule Farnese Vice-Chancelier.] 66.

La femme de Pierre Louis Farnese Duc de Parme, s'appelloit *Hieronime des Vrsins*, fille de Louis des Vrsins Comte de Pitiliane. Leur fils le Cardinal *Alexandre Farnese* fut nōmé l'an 1534. par le Pape Paul III. son ayeul, & eut grande authorité entre les Cardinaux. Il obtint sous diuers Papes plusieurs grandes Prelatures, le Patriarchat de Hierusalem, les Archeueschez d'Auignon & de Monreal, *Ciaconius.* ceux de Masse, de Spolete & de Parme en Italie. En Espagne celuy de Iaen & la charge de Vice-Chancelier apres le Cardinal de Medicis. Il vint Legat en France l'an 1539. & fut particulierement aymé de l'Empereur Charles V. qui faisoit estime de sa vertu: sa mort auint en 1589. & est inhumé en la superbe & magnifique Eglise des Iesuites qu'il auoit fait bastir.

Ead. pag. VICE-CHANCELIER.] Ceste charge doit estre possedée par vn Cardinal, le Pape estant seul Chancelier de l'Eglise Romaine, sa Iurisdiction s'estend sur les expeditions des lettres Apostoliques de toutes matieres, dôt les lettres sont seellées par le Pape, excepté celles qui s'expedient par forme du Bref sous l'Anneau du Pescheur.

66. LE SEIGNEVR RANCE.] *Rance Baron de Cere* Gentil-homme Romain, Comte de Pontoise, General des trouppes du Pape, du Roy de France, & des Venitiens, assista dans toutes les plus belles actions militaires qui se firent de son temps en Italie.

Guichardin l. 11.
1513. Ses premieres armes parurent sous le regne du Roy Louis XII. en la guerre pour le recouurement du Duché de Milan: depuis il se mit à la solde des Venitiens qui l'establirent Gouuerneur

neur de la ville de Creme, & eut la *Vie de* charge de Barthelemy d'Aluiane Ca- *Rance Ba-* pitaine General des Venitiens, d'af- *ron de Cere.* feurer au feruice de la Republique la Ville & Chafteau de Breffe contre les 1514. Allemans. Pendant qu'il eut le Gouuernement de la ville de Creme pour les Venitiens, entr'autres exploits memorables il furprit le fameux Capitaine Profper Colomne, qu'il mit en fuite. Et c'eft en ce rencontre que Guichardin dit, *qu'il remporta tant de* Liu. 12. *loüange de fes heureux & induftrieux exploits, que du confentement vniuerfel on le tenoit defia au nombre des principaux Capitaines de toute l'Italie.*

Ce fut en cette place qu'il fouftint vn long fiege contre les forces du Duc de Milan, & que nonobftant vne difette extréme il battit les trouppes de Siluie Sauelle. Mais depuis ayant faccagé la Cité de Lode pres de Milan, 1515. & pour quelque diferend qui furuint entre luy & l'Aluiane, il obtint fon Liu. 13. congé du Senat, & paffa à la folde du Pape auec deux cens hommes d'armes, & deux cens cheuaux legers, & 1517.

S

le seruit en qualité de General de ses trouppes en la Romagne, auec le Capitaine Vitelli, dans la guerre que ce mesme Pape entreprit contre François Marie de la Roüere ; s'estant emparé du Duché d'Vrbin, & garanty de prise la ville de Fano, que ce Duc assaillit vigoureusement.

En suite le *Baron de Cere* eut la conduite de l'Armée du Pape auec Laurens de Medicis, & commanda l'auant-garde ; mais par vne diuision secrete ils ne sceurent pas profiter de l'occasion fauorable qu'ils auoient de remporter vne signalée victoire contre le Duc d'Vrbin : Ce qui donna occasion apres la campagne finie au Baron de Cere de demeurer sans employ & se reposer à Rome, jusques à ce que le Roy de France, à la sollicitation du Cardinal de Volterre, essaya par ses pratiques en Toscane, de faire changer l'Estat de Florence.

On luy donna la conduite de l'Armée, ayant en teste Guy Rangon celebre Capitaine; auec lesquelles trouppes il tenta inutilement plusieurs sieges, mesme d'attaquer la ville de Sienne; & ceste expedition diminua beaucoup de la reputation qu'il s'estoit acquise.

Aprés la mort du Pape changeant de Maistre, il s'attacha au seruice du Duc de Ferrare, & surprit la ville de Regge. L'Admiral de Bonniuet le manda en suite dans le Milanez auec ses troupes, qui assiegerent Cremone. De là il seruit vtilement, lors qu'il amena au secours du mesme Admiral proche de Bergame vn renfort de cinq mil Grisons. *Liure 15.* *1523.*

Mais le feu de la guerre ayant esté porté en France par l'Empereur Charles V. qui vint en Prouence auec de puissantes forces, & vne Armée de vingt-cinq mil hommes ne se promettant rien moins que la conqueste de ceste belle Prouince, où il laissa des marques d'vne fameuse déroute, *Rance* fut rappellé d'Italie en France par le Roy François I. qui l'affectionnoit à cause de sa valeur, & par son commandement se jetta dans Marseille auec les vieilles trouppes qui *1524.*

S ij

l'auoient seruy en Italie ; & fut vn de ceux qui souftinrent genereusement le siege, auec Philippes Chabot Seigneur de Brion, contre Charles Conneftable de Bourbon, iusques au dernier soûpir, dont il remporta vne singuliere satisfaction de ce Monarque, pour s'y estre comporté en braue commandant l'espace de quarante iours ayant fait paroistre durãt les attaques qu'il possedoit toutes les parties d'vn parfait Capitaine.

Apres ceste disgrace que l'Empereur receut en France, le Roy recouurit le Milanez, & auparauant que d'assieger Pauie, *le Baron de Cere* eut ordre auec les Seigneurs des Vrsins, de soudoyer à Rome quatre mil hommes de pied, pour se joindre au Duc d'Albanie. La prise du Roy Frãçois I. étãt suruenuë cette Milice fut dissipée, & il demeura encore sans employ iusques à ce que ce Prince ayant recouuert la liberté, & entreprenant la conqueste du Royaume de Naples, il donna la conduite de son armée navale au *Seigneur Rance* qui estoit au port de Sauonne, où il s'acquita de cet employ auec grands progrez: Il eut aussi commandement dans l'armée des Confederez auec les Venitiens, & le Pape, dans le dessein qu'on auoit pris d'assieger encore Naples. En ceste expedition *Rance* eut le souuerain pouuoir, puis qu'au rapport de Guichardin, *selon sa deliberation l'argent du Roy de France se dependoit*; Ainsi auec six mille hommes, il entre dans l'Abruzze pédant que d'vn autre costé, Monsieur de Vaudemont Lieutenant des trouppes du Pape, & l'armée de mer prenoit Salerne & les autres villes maritimes ; mais ils ne purent auancer d'auantage leurs conquestes à cause de la deliberatiõ soudaine que Clemét VII. prit de s'accorder auec l'Empereur.

1527.

Liu. 18.

S'estant retiré à Rome le Pape eut dessein de l'employer comme il fit pour resister au Duc de Bourbon, qui venoit auec de puissantes forces, & à grandes iournées, pour assieger la ville de Rome, dont il eut la charge principale de sa deffense; mais il ne peut la garantir d'estre prise par assaut, & du sac qui suiuit, comme escrit fort disertement Guichardin. *Rance de Cere* s'estant refugié auec les principaux Capitaines & aucuns Cardinaux, dans le Chasteau S. Ange où estoit le Pape. Auquel temps les galeres Françoises auec les Venitiens, & celles d'André Doria se mirent en mer auec le mesme Seigneur *Rance* qui conduisoit trois mille hommes pour assaillir la Sicile. Ceste entreprise fut inutile par le discord qui suruint entre ce Capitaine & André d'Oria qui quitta le party de France comme il a esté dit.

Depuis il seruit sous Monsieur de Lautrec en Italie, au siege de la ville de Naples, entreprise malheureuse par la mort du Chef, qui deceda auec partie de son armée pour les fatigues qu'elle souffrit. Le siege ayant esté leué, *Rance* se retira à Barlette en l'Apoüille qu'il conserua long-temps auec quelques autres places maritimes au party de France, estant hors de tout secours, contre les efforts des Imperiaux, & la reuolte de ses trouppes qui le voulurent tuer, en laquelle

Liu. 19.
1529.

Arnoldi Ferroni Historia.

Belcarius, l. 10.

EPIST. DE RABELAIS. 179
occasion fut admirée sa cõstance pour la deffense de ceste place.

Les Historiens ont teu le reste des actions heroïques de sa vie, qu'il termina par vn accident le 11. iour de Fevrier 1536. en allant à la chasse sur vn cheual Turc, qui ayant la bouche tendre se renuersa sur luy, & l'estouffa. *Le Roy* (dit Rabelais) *ayant perdu vn bon seruiteur pour l'Italie.*

Sa mort.
1536.

LE COMTE' DE PONTOISE.] c'est la ville principale du Vvexin ainsi nõmée à cause de son pont sur la riuiere d'Oyse, où est le Siege du grand Vicariat de tout le Vvexin François, lequel est sous la charge & depost de l'Archeuesque de Roüen à cause de la contention des Euesques de Paris & de Beauuais.

68.

Hist. de la préeminẽce & antiquité du Vicariat de Pontoise.

Ceste ville a eu des le temps de nos Rois de la troisiesme lignée des Comtes hereditaires qui l'estoient aussi de tout le Vvexin, le Comte Vvaleran I. viuoit sous les Roys Louis d'outremer & Lothaire l'an 960. & s'allia auec Edelgarde de Flãdres, leur fils Vvaultier I. fut pere de Vvaultier II. & ce-

Origine de la Maison de France.

Comtes du Vvexin & de Pontoise.

S iiij

ſtuy-cy de Dreux I. Comte de Vvexin marié auec Edite d'Angleterre, ſœur de S. Edoüard, leur fils Vvaultier III. Comte de Vvexin & de Pontoiſe 1057. mourut ſans lignée, & ſon frere Amaurry procrea Raoul (dit le delicat, ſurnom qui fut long-temps hereditaire en ceſte famille) Seigneur de Pontoiſe & de Meru, qui eut pour enfans Raoul II. Seigneur de Pontoiſe, pere d'vne fille dite Ade, & d'Agnes de Pontoiſe femme de Bouchard IV. Seigneur de Montmorency, d'Amaurry de Pontoiſe & autres enfans.

La lignée de ces Seigneurs eſtant finie, le Domaine de Pontoiſe fut vny à la Couronne, puiſque l'on apprend par le Treſor des Chartres de France, que la Reyne Blanche de Caſtille mere du Roy S. Louis fondatrice de l'Abbaye de Noſtre Dame la Royalle, dité de Maubuiſſon, auoit en doüaire l'an 1240. ceſte ville de Põtoiſe, qui eſtoit vn des lieux où elle faiſoit le plus ordinairement ſes retraittes.

Depuis ce temps Pontoiſe demeura touſiours à la Couronne, iuſques à ce que pour les notables feruices qu'auoit fait *Rance Baron de Cere*, ſa Majeſté tres-Chreſtienne l'en gratifia pour recompenſe ; Depuis *François Duc d'Alençon* & de Chaſteau-Thierry l'eut auſſi pour ſon appanage ; & de nos iours Armand Iean du Pleſſis Cardinal de Richelieu, acquiſt la proprieté du Domaine, qui eſt à preſent poſſedé par Marie de Vignerot Ducheſſe d'Aiguillon ſa Niepce.

IEAN PAVLE DE CERE FILS DV SEIGNEVR RANCE] *Iean Paule de Cere* Gentil-homme Italien fut Mareſchal de France, ſous le Roy Henry II. Ses premieres armes furent employées au feruice des Venitiens en laquelle occaſion il fut pris priſonnier par le Marquis du Guaſt l'an 1529.

Les Florentins le prirent à leur ſolde l'an ſuiuant pour la garde de leur ville capitale. De là il vint en France à la Cour du Roy François I. & eut diuers emplois honorables dans ſes armées, ayant feruy vtilement dans les trouppes de Piedmont commandées par le Seigneur d'Annebaud, depuis

66.

1529.

1536.

Du Bellay l. 5.

Mareschal de France contre le Duc de Sauoye; En suitte estant de retour, & l'Empereur Charles V. menaçant d'entrer en France, le Roy distribua aux lieux depourueus de secours sa gendarmerie, & donna le commandement de deux cens cheuaux legers, & de deux mil hommes de pied à ce Baron de Cere. Comme aussi le Marquis de Saluces ayant quitté le party de France par vne insigne trahison, François I. depescha promptement auec des deniers le mesme Seigneur *Iean Paule de Cere* pour s'emparer des places de Fossan & de Cony dans le Piedmont, & leuer trois mil hommes Italiens.

Du Bellay rapporte qu'entre les Seigneurs du sang, & Cheualiers de l'Ordre que sa Majesté assembla à Lyon, pour condamner celuy qui auoit empoisonné le Dauphin, le Seigneur *de Cere* assistoit à ce Cōseil auec les Ducs de Virtemberg, de Somme, d'Arriane, d'Atry, le Prince de Melphe & autres Seigneurs Italiens: Et ensuitte en l'armée dōt estoit General le Prince Dauphin pour la reprise des places de Piedmont, ce Seigneur Rance y conduisit sa compagnie de gensdarmes. Le reste de ses actions militaires est incognu.

MONSIEVR DE RAMBOVILLET.] 68. *Iacques d'Angennes* Seigneur de Ramboüillet, parent du Cardinal du Bellay à cause de son ayeulle Philippes du Bellay mariée à son grand pere *Iean d'Angennes* Seigneur de Ramboüillet, ce Iacques ayant dignement seruy les Rois François I. & Héry II. aux guerres d'Italie, mourut fort âgé l'an 1562. De lui sont issus les Seigneurs du nom d'Angennes qui subsistét en plusieurs branches dans ce Royaume, à sçauoir en la personne de *Charles d'Angennes*, *Marquis de Rambouillet* & de *Pizany*, Chef du nom & armes, des Seigneurs de *Maintenon*, de *Mont Louet*, des Marquis de *Poigny*, des Seigneurs de la *Louppe*, & autres puisnez de ceste famille qui porte *de sable au sautoir d'argent*. *Seigneurs d'Angennes.*

L'ABBE' DE S. NICAISE ARCHI- 69. DIACRE DES VRSINS.] *Charles Iuuenel des Vrsins*, Abbé de S. Nicaise,

Prieur de S. Foy de Coulomiers, & Archidiacre en l'Eglise de Rheims. Il estoit fils de Iean Iuuenel des Vrsins, Seigneur de la Chapelle Gautier en Brie, & de Louise de Varie, & eut pour freres François Seigneur de la Chappelle, Iean Euesque de Treguier en Bretagne, Baptiste Grand Prieur d'Aquitaine & Abbé d'Aumale, Louis Seigneur d'Armentieres. Ses sœurs furent Ieanne Iuuenel des Vrsins, femme d'Alpin de Bethune, Baron de Baye, d'où sont issus les Ducs de Sully. Catherine femme de Francisque de Renty, Seigneur de Ribehan & autres.

Genealogie des Vrsins.

Ceste famille des Iuuenels que quelques-vns disent estre issuë plustost de la Prouince de Champagne que de la celebre Maison des Vrsins d'Italie, quoy que l'on rapporte par quelques tiltres que Napollon des Vrsins Euesque de Mets eut pour frere Iuuenel des Vrsins Cheualier, duquel les Seigneurs de Trainel en France sōt sortis. Il espousa la fille du Vicōte de Troies, & fut pere de Iean Iuuenel des Vrsins,

Baron de Traynel, lequel eut entre-autres enfans Iean Iuuenel des Vrsins, Euesque & Comte de Beauuais, puis de Laon, & de là Archeuesque & Duc de Rheims, Chancelier de France, Autheur de l'Histoire du Roy Charles VI. Guillaume des Vrsins, Gouuerneur de Sens, Michel grand Panetier de France, Iacques Patriarche d'Anthioche, Euesque de Poictiers, & Archeuesque de Rheims auparauant son frere. *Memoires M.S.*

De Michel Seigneur de la Chapelle, Gautier & de Doué en Brie, sont issus les Marquis de Trainel, dont la race finist en la personne de François des Vrsins, Marquis de Trainel Cheualier des Ordres du Roy, & Ambassadeur du Roy Tres-Chrestien Louis XIII. vers le Pape Paul V. lequel deceda le 9. Octobre 1650. La famille de Haruille Paloiseau a succedé aux biens de ceste Maison des Vrsins.

LE CARDINAL DE TRENTE EN ALLEMAGNE.] *Bernard de Glos*, dit *Clesius* noble Baron du pays de Tyrol, Euesque & Prince de Trente, Admi- 71.

nistrateur de l'Euesché de Brixen, & Cardinal du Tiltre de S. Estienne *in monte Cœlio*, nommé par le Pape Clement VII. en la cinquiesme promotion qu'il fit l'an 1530. Il fut Souuerain Conseiller d'Estat de Ferdinand I. Empereur & Grand Chancelier, & employé par ce Prince en plusieurs Ambassades: Il assista au Couronnement de Charles V. à Bologne, & enfin apres auoir gouuerné l'Eglise de Trente vingt-cinq ans, il mourut au mesme an 1539. qu'il fut esleu au mois de Ianuier Euesque de Brixen où il repose auec cet Epitaphe.

Bernardus Malinckrot Dec. Monasteriensis in lib. de Card. S. R. E. Germanis.

1539.

Ciaconius T. 2.

BERNARDO CLESIO *S. R. E. tituli S. Stephani in Cœlio Mõte Presbytero Cardniali. Episcopo* TRIDENTINO *& Administratori Brixinensi, ob multa magnaque in hanc Ecclesiam merita, æternâ memoriâ digno Positum. Obiit xxvij. Iulij 1539. Sedit 25. an. mensem. vnum, dies 24. Vixit annos 54. menses 4.*

Ce Cardinal baſtit en ſa ville de Trente vn magnifique Palais, reſtablit en ſa ſplendeur le Chaſteau & Citadelle de la meſme ville qui alloit tomber en ruine, & y fit grauer partoutes les colomnes & murailles, Sa dëuiſe VNITAS, auec ſept dards, qu'il prenoit pour embleme : Ce qui ſe raporte à ce que *Rabelais* dit en ceſte Lettre que ſon train eſtoit plus ſomptueux que celuy du Pape, ſa compagnie des gardes l'ayant priſe en deuiſe.

Il reſta ſeul des 8. freres qu'il auoit, & qui moururent tous de mort violente dans les armées. *Chriſtophle* Cardinal Madruce luy ſucceda en l'Eueſché de Trente, ceux de ceſte famille en ayans la poſſeſſion depuis cent ans.

LE CARDINAL CAMERLIN GENEVOIS DE LA FAMILLE DE SPINOLA.] 73. *Auguſtin Spinola* iſſu de la tres-ancienne maiſon de Spinola à Gennes fut pourueu par Iules II. ſon Concitoyen des Eueſchez de Sauonne & de Perouſe, & eut diuers beaux emplois en la Cour de Rome, enfin il fut crée Cardinal par le Pape Clement 7.

l'an 1527. qui le nomma en suitte *Camerlingue* de l'Eglise, qualité qu'il exerça si dignement qu'il en merita le tiltre de Pere du peuple Romain. Il mourut en son Palais à Rome le 17. Octobre 1537. fort regreté, & fut inhumé à Sauonne Tombeau de ses Ancestres. De ceste famille estoit issu le renommé *Ambroise Marquis Spinola* & de Venafro Cheualier de la Toison d'or, Generalissime des armées du Roy d'Espagne au Pays-bas, fils de Philippes Spinola, Marquis de Venafro & de Polixene Grimaldi, de la brache des Princes de Salerne, qui rendit de grãds seruices au Roy Philippes II. ayant maintenu en son obeissance la ville d'Anuers, gaigné la bataille de l'Escaud, reduit le Brabant & la Frise apres auoir pris plusieurs villes, & estre venu à bout de celle d'Ostende apres trois ans de Siege. *Gaston Spinola* Côte de Brouäy en Artois, Gouuerneur de Limbourg, & des pays d'outre-meuse, a donné origine à vne branche qui suit le party de l'Empereur en Allemagne.

Spinulæ Gētis Elog. Aub. Mirai.

Marquis Spinola.

CAME-

CAMERLIN.] Ceste charge du sacré College qui est la mesme que celle de Chambellan, prend cognoissance de toutes les causes de la Chambre Apostolique. Entre ses priuileges il a droict le Siege vaccant, de demeurer au Palais en l'appartement du Pape, marche par Rome auec la Garde des Suisses, fait battre la monnoye auec ses armes, & dresser le Conclaue pour l'élection nouuelle, & garde vne clef du Chasteau S. Ange. Pierre-Donato *Cardinal Cesis* Legat de Peruse fut esleu à ceste charge le 9. Ianuier 1651.

On a eu aduertissement de la mort de la Reyne d'Angleterre, & que sa fille est fort malade.]

C'estoit *Catherine d'Arragon*, fille de Ferdinand Roy d'Arragon, & d'Isabel Reyne de Castille : mariée en premieres nopces 1499. auec *Artus Prince de Galles*, fils aisné du Roy Henry VII. Et en secondes, l'an 1510. apres la dispense du Pape Iules II. auec Henry VIII. Roy d'Angleterre, frere d'Artus, qui la repudia l'an 1533. pour espouser Anne de Boulen, fille de Thomas, Vicomte de Rochefort.

Catherine fut Mere *de Marie d'Angleterre*, proclamée *Reyne d'Angleterre* & d'Irlāde 1553. laquelle épousa Philippes II. Prince, puis Roy d'Espagne l'an 1558. qui se qualifia Roy d'Angleterre à cause de ce mariage, & restablit la Religion Catholique en cet Estat. Elle mourut sans enfans en Nouembre 1558. Sa sœur *Elizabeth*, celebre Princesse luy succeda en ses Royaumes.

75. *On l'a remise à la venuë de l'Empereur.*]
Quoy que les Lettres precedentes ne d'escriuent point l'entrée solemnelle de l'Empereur Charles V. à Rome, neantmoins on le recueille par tous les Historiens du temps: *Guillaume du Bellay* en ses Memoires d'escrit ses habits & enseignes Imperiaux, lorsqu'il fut en l'Eglise de S. Pierre à Rome: vne lettre de l'Euesque de Mascon & du sieur de Vely, Ambassadeur du Roy François I. vers le Pape escrite à ce Monarque le 19. Avril 1536. de la ville de Rome, parle ainsi. *Hier nous fusmes au*

seruice dans l'Eglise de S. Pierre où l'Empereur vestu de ses habits Imperiaux, la Couronne en sa teste, & accompagné du Seigneur Pierre Louis de Farnese qui portoit la pomme du Monde, de l'vn des Marquis de Brandebourg portant le Sceptre, & de Iacques de Longueual Seigneur de Bossu Grand Escuyer, qui portoit l'espée: le demeurant de la ceremonie ne fut qu'ordinaire,

FIN.

AVTHEVRS
ET HISTOIRES
Citées dans ces Obseruations.

Vberti Miræi Spinulæ gentis Elogium.

Alain Chartier Hist. du Roy Charles VII.

Algiræ Regum Historia.

André du Chesne, Histoire des Papes & de la Maison de Chastillon.

Andrada Historia Ioan. III. Regis Portug.

Annales Habsburgiacæ gentis Gerardi de Roo.

Annales & Histoire de Turq.

Arnoldi Ferroni Historia.
Belcarij Historia.
Du Bellay en ses Memoires.
Bernardi MalinKrot Dec.
 Monasteri. de Cardinatib.
 S. R. E. Germanis.
Carolus Sigonius.
Ciaconius.
Cesar Nostradame Hist. de
 Prouence.
Cesaris Grollierij Hist. expu-
 gnata urbis Romæ.
Carcassonenses Dypticha.
D'Auity Hist. du Monde.
Famianus Strada de Bello
 Belgico.
Ferdinandi Ughelli Italia
 Sacra.
Francesco Sansouino, Fami-
 gliè illustri d'Italia

Gallia Christiana Roberti.
Giouanne Baptista Pigna,
　Hist. d'elli Principi d'Este.
Guichardin Hist. de son teps.
Guilielmus Brito Philippidos.
Genealogie de la Maison de la
　Rochefoucauld par du Chesne & de la Maison de Stuart par Noublanche.
Hieronymi Henninges Theatrum Genealogicum.
Hieronymus Osorius.
Histoire Genealogique de la
　Maison Royale de France.
Histoire de l'antiquité du Vicariat de Ponthoise.
Hist. des Antiq. & Archeuesques de Bourges.
Hist. des Presidés au Mortier.
Hist. d'Ecosse & de Milan.

Histoire de la Maison d'Auuergne, par Iustel.
Histoire di Genoa.
Hist. de Ioinuille.
Histoire des Pais-bas d'Emanuel Metteren.
Hist. de Barbarie & de Malthe.
Iean Bouchet Annales de Poictou.
Iean Maffée Histoire des Indes.
Jean Nestor Hist. de la Maison de Medicis.
Iean Annaliste de Perse.
Iacobus Schenkius Imagines Imp. Regum, &c.
Ioannis Marianæ hist. Hisp.
Ioannes Maioris Monasterij Monachus.

Ioannis Saresberiensis Policraticus.
Leunclauius.
Louis Trincant hist. dus Bellay. M. S.
Marmoll. hist. Afric.
Matthæus Paris hist. Angl.
Memoires M. S. des Maisons d'Albon, de Langhac, des Vrsins, des familles d'Italie, des Eglises de Saintes & de Limoges.
Nangius.
Nobiliario Genealogico de Espagna.
Nonius.
Opusculum de Mirabil. Roma Francis. Albertini.
Paul Joue en ses Eloges.
Petramellarius.

Pingonij Arbor Gentilitia Sabaudiæ.
Procope.
Pieds-port.
Relation du voyage de Pologne.
Jac. Aug. Thuanus.
Sandoual.
Sigebert in Chronico.
Spondanus in Annalibus.
Vita Clementis VII. Papæ.
Veritable origine de la Maison de France.

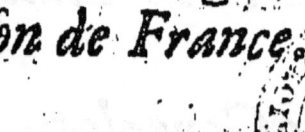

TABLE
DES MATIERES
contenuës en ces Obseruations.

A

Absolution de Rabelais pour son Apostasie, 142
Adelaide de Sauoye femme de François Prince de Bauiere, 91
Alexandre Farnese Cardinal, Vice-Chancelier, ses grandes Prelatures, 171. Sa Legation en France, & sa mort, 172
Alexandre Cardinal Cesarin loüé par Paul Ioue & Sadolet, 105. Sa mort, 106
Alexandre de Medicis Duc de Florence, son mariage auec la fille de Charles V. est tué pour ses tyran-

TABLE

nies, laisse vn fils bastard, 59

Alexandre Sforse Cardinal de saincte Fleur, & sa mort, 170

Alexandre Stuart Duc d'Albanie, fils & frere des Roys d'Escosse, 72

Alfonse I. Duc de Ferrare, & ses emplois militaires, amy du Roy Louis XII. 78. Sa posterité, Ead. pag.

Alfonse II. Duc de Ferrare, 84

Alfonse d'Aualos Marquis du Guast, celebre Capitaine, & ses hauts faits d'armes, 149. Son Epitaphe, 150

Alfonsine Strozzy Comtesse de Lauagne, 62

Alger Ville de Barbarie, & sa description, 125

Ambroise Marquis Spinola, & ses actions heroïques, 188

André Doria Prince de Melfe, sa patrie, surnommé Neptune en la conduite des Armées de mer, Admiral de Leuant, auec 36000 l. de pension, 91. Prend Camille Colomne, & Alfonse d'Aualos, celebres Capitaines, est seduit par Antoine de Leue, quitte le party du Roy de France, deliure ses prisonniers, &

DES OBSERVATIONS.
fait reuolter la Ville de Gennes, 93.
Grand amy de Charles Quint qu'il
conduit en Espagne, *Ead. pag.* Ses
exploits d'armes contre les Turcs,
prise de la Goulette & de Tunis,
les Gennois luy erigent vne statuë, 94
Andrée de Viuonne Duchesse de la
Rochefoucaud, 9
Augustin Cardinal Spinola, & ses emplois, 187. Camerlingue de Rome,
& pere du peuple, sa mort, 188
Anne de Daillon Dame d'Estissac, 4
Anne d'Est Duchesse de Guise & de
Nemours, grande Princesse, 161
Antoine Iscalin Adheimar, Baron de
la Garde, 77
Antoine Marie & Bernard, Cardinaux Saluiaty, 57
Antoine de Lauzieres Marquis de Te-
mines, 5
Antoine de Leuis Comte de Que-
lus, 5
Antoine Foucre Euesque de Con-
stance en Allemagne, 64
Arabes, leur façon de viure, & leurs
mœurs, 96. 97

TABLE

Armand Cardinal de Richelieu, 181

Armoiries des Maisons d'Angennes, 183. De Cœur. 116. De Dodieu, 69. De Langeac, 83. De Medicis, 60. De Strozzy, 63

Articles du Traitté de Confederation entre le Roy Charles VIII. allant à la conqueste du Royaume de Naples, & le Pape Alexandre VI. 28

Afanes Roy d'Alger, fils de Barberousse, 77

B

Barberousse ou Hariaden Roy d'Alger, ses emplois au seruice du grand Seigneur, 74. Ses dignitez & conquestes, 75. 76. Vient au secours du Roy François I. sa mort, & les Autheurs qui parlent de lui, 77

Barthelemy Archeuesque de Tours, 155

Bernard de Glos Cardinal de Trente, 186. Ministre d'Estat de l'Empereur Ferdinand I. ses emplois, sa mort, sa deuise & Epitaphe, 186. 187

Bertrand d'Ebrard, sieur de S. Sulpice, 5

DES OBSERVATIONS.
Bertrand de Marillac Euefque de Rennes, frere de Charles Archeuefque de Vienne, 69
Blanche de Caſtille fondatrice de l'Abbaye de Maubuiſſon, 180
Bona Ville de Barbarie, dite Hyppone, ſiege de S. Auguſtin, 125

C

Carcaſſonne, & ſes Euefques, Iean de Baſillac, Hugues de Voiſins, Martin de S. André, Vital de l'Eſtang, 78
Le Cardinal Colomne Legat de la Champagne, 38
Le Cardinal de Gerſe, 41
Le Cardinal Sauelly Legat de Spolete, 46
Catherine Chabot Dame d'Eſtiſſac, 12
Catherine de Medicis Reyne de France, 59
Catherine Henriette de Ioyeuſe, Doüairiere de Montpenſier, 158
Catherine d'Auſtriche, & ſa poſterité, 120

TABLE

César Borgia Duc de Valétinois, 168.
Cardinal de Valence, 30
Charles III. Duc de Saüoye assiste Louis XII. aux guerres de Milan, 88. François I. luy fait la guerre, & le dépoüille de ses Estats, sa mort & son mariage auec *Beatrix de Portugal*, sa posterité, 89
Charles Baron d'Estissac, 7
Charles Iuuenel des Vrsins Abbé de S. Nicaise de Rheims, 183
Charles Turpin Seigneur de Crissé, 86. 87
Charles & Blaise Seigneur de Monluc, 5
Charles Marquis du Bellay, 19
Charles V. Empereur, & sa vie, fils de Philippes d'Austriche Roy de Castille, comparé à Charlemagne pour ses hauts faits d'armes, 20. Ses victoires contre les Infideles & Protestans, est blâmé pour la prise de Rome, & l'Interim de la Religion, 21. Quite l'Empire à son frere Ferdinand, & se démet de ses Estats pour viure solitaire, 22. Sa mort & sa posterité, *ibid.*

Charles

DES OBSERVATIONS.

Charles de Hemard Cardinal de Maſcon, ſes Ambaſſades, & ſa vie, 137. Succede au Cardinal du Bellay à l'ambaſſade de Rome, ſa mort, 138
Charlote d'Eſtiſſac Comteſſe de Lauzun, 7
Château Capoüan à Naples, 144
Château S. Ange, & ſa deſcription, auec ſes Antiquitez, 117
Le Champ de Flour à Rome, 116
Chriſtophle Cardinal Madruce, 187
Claude Dodieu Seigneur de Vely, Eueſque de Rennes, Ambaſſadeur à Rome, & ſes negociations, 69
Claude heritiere d'Eſtiſſac, Comteſſe de la Rochefoucaud, 7
Claude Baron de Peſtels, 6
Claude de Lorraine Duc de Guiſe, 140
Clement VII. Pape, dit Iules de Medicis, ſa naiſſance, ſon élection, 103. Son Pontificat troublé par guerre, ſes actions, deſcription de ſa mort par Guichardin, 104. Ses vertus & vices. *Ead. pag.*
Les Colonois, Sauelles, Vitelles & d'Eſtouteuille, amis de la France en

TABLE

Italie, 46

Comtes de S. Fleur, Ducs d'Onane, Boso, Federic, Mario, Federic II. Alexandre, Mario II. 169

Comtesses de S. Fleur, Barthelemie des Ursins, & Renée de Lorraine, 169

Constance Farnese Comtesse de sainte Fleur, 169

Comtes d'Armagnac, & grandeur de Maison, 137

D

Didier de Tolon de S. Iaille, Grand Maistre de Malte, 97

Dispute de la Couronne d'Escosse entre deux Princes, 72

Ducs de *Lorraine*, 139. Antoine, Charles III. & Nicolas François, 140

Ducs de *Modene*, Cesar Alfonse François d'Este, 79. 80

Ducs de *Nemours*, Iacques de Sauoye & Charles Amedée, 161

Ducs de *Parme*, Octauien, Alexandre, Rainuce Edoüard, Rainuce II. 163. 164

Duchesses de Parme, Hyeronime des

des Vrsins, Marguerite d'Austriche, Marie de Portugal, Marguerite Aldobrandin, Marguerite de Medicis, 163
Duc de Rohan, l'vn des grands Capitaines de son siecle, 86
Ducs de *Sauoye*, Emmanuel Philibert, Charles Emmanuel, Victor Amedé. Charles Emmanuel II. 89
Duchesses de Sauoye, Marguerite de France, Catherine d'Austriche, Chrestienne de France, 89. 90

E

Eglise de S. Paul pres la Ville de Rome, & sa beauté, 118
Emmanuel Roy de Portugal, 120. L'vn des fameux Rois de son temps, les grandes conquestes & découuertes, & les combats des Portuguais, 121. Reduit plusieurs Royaumes, & auance la Religion, 122. Sa mort, ses mariages és maisons de Castille & d'Austriche, 122. Sa posterité, 123
L'Ermenaud Château des Euesques de Maillezais, 10. Fondation de son

V ij

TABLE

Prieuré, 11

D'Escoubleau Seigneurs de Sourdis, 2 François & Henry Archeuesques de Bordeaux, *ibid.*

Euesché de Maillezais transporté à la Rochelle, 11. Iacques Raoul premier Euesque, 12

Excellente description du Sac & prise de Rome par Guichardin, 46. Attaque de la Ville, fuite du Pape, & mort du Duc de Bourbon, 48. Son pillage, 49. Ignominie que souffrent les Cardinaux par les Lansкenets, *ibid*. Palais saccagez, 51. Le Cardinal de Sienne mal traité, *ibid.* Violemens des Dames Romaines & Religieuses, sacrileges, & autres impietez, 52. Accord du Pape auec l'Empereur pour sortir de prison, 53

F

Famille de *Chabot* en Poitou, & son ancienneté, 13. Les Seigneurs puissans aupres des Ducs de Guyenne, & Protecteurs de l'Abbaye de Maillezais, 13

DES OBSERVATIONS.

Famille Royale de *France*, de *Medicis*, & autres Souueraines issuës de celle de Saluiaty, 58

Famille des *Fourques* d'Ausbourg en Allemagne, de riches Marchands créez Barons de l'Empire, 63. Leurs alliances auec les principales Maisons de Bauiere, 64

Famille de *Piccolomini* & sept Euesqnes de Sienne de ce nom, 54. Antoine, François, Iean, Alexandre & Ascagne Piccolomini, *ibid.*

Farnese Archeuesque de Patras, 54. Palais Farnese à Rome, ses antiquitez & structure, 117

Federic Cardinal Sforse, 169

Ferdinand Aluarez de Tolede, Duc d'Albe, fameux chef de guerre entre les Espagnols, estimé de Charles V. employé à Tunis, Alger, & en Allemagne, au siege de Mets, 151. Belles actions de guerre qu'il fit en Italie, 152. Gouuerneur des Pays-bas, & la seuerité dont il vsa vers les grands du pays, bastit la Citadelle d'Anuers, conqueste le Portugal, 153. Sa mort & ses loüan-

V iij

TABLE

ges, 154. Sa posterité de Marie Henriques, 154

Ferrant de S. Seuerin Prince de Salerne, ses emplois militaires, 147. à Tunis, à la bataille de Cerizolles, se refugie vers le Roy Henry II. 148. Sa mort, 149

Fleuue Tanais & son cours, 125

Fondation de l'Abbaye de Maillezais par Guillaume Comte de Poitou, 11

Fort de la Goulette pres Tunis, & sa description, 93

Fouques Nerre Comte d'Anjou, 155

François I. Roy de France, sa vie & ses exploits d'armes, ses belles qualitez, & les Autheurs qui en parlent, 80. 81

François Bandini Archeuesque de Sienne, 56

François Cybo Comte de Languillarre, 65

François de Lorraine Duc de Guise, 160

François IV. Seigneur de la Rochefoucaud, ses seruices au Roy Henry le Grand, & sa posterité, 7. François V. Duc de la Rochefoucaud, 8. Fran-

çois VI. Duc de la Rochefoucaud, & ses enfans, 8. 9
François Sforse II. Duc de Milan, sa mort, son mariage auec Chrestienne de Danemark, 100.
François Cardinal Soderin, 103
François de Vendosme Vidame de Chartres, 4
François des Vrsins Marquis de Traiuel, 185

G

Gabriel Nompar de Caumont, Comte de Lauzun, 6
Gabrielle du Plessis Duchesse de la Rochefoucauld. 8.
Gaston & Federic de Foix Comtes de Gurson, 6
Gaston Spinola Côte de Brouay, 188
Genealogies des Maisons d'Austriche d'Espagne, 20. 22. d'Angennes Marquis de Ramboüillet, 183. d'Albon S. André & S. Forgeul, 101. 102. d'Armagnac, 136. d'Aualos, 149. de Borgia 168. du Bellay Prince d'Iuetot, 17. 19. 87. Brulart, 9. Caumont Lauzun, 6. Chabot Iarnac &

TABLE

Charny, 12. Cœur, 115. 116. de Cruſſol, 4. Cybo Princes de Maſſe & de Carrare, 65. 66. 67. des Princes d'Eſte Ferrare Ducs de Ferrare & de Modene, 78. 79. 80. 84. 162. d'Eſtiſſac, 2. 3. 8. Eſcoubleau, 2. Farneſe Ducs de Parme. 163. Fieſque, 62. Foix, 6. 7. France, 82. Gelas & Voiſins, 5. Harlay, 116. Langeac, 82. l'Archeueſque Parthenay, 85. Leuis, 6. Lorraine, 139. 140. Medicis Toſcane, 59. 60. Monluc, 5. P c de la Mirande, 8. Piccolomini. 54. 55.. Rois de Perſe, 67. de Portugal, 120. 121. Portugal Bragance, 123. la Rochefoucauld, 7. 8. Ducs de Rohan, 86. Ducs de Sauoye, 88. 89. 90. Saluiaty Duc de Iulian, 56. 57. 58. Sforſe, Comtes de S. Fleur, Ducs de Segny, Sforſe, Milan, 99. 100. Spinola, 188. Strozzy, 61. 62. Stuart, Roy, d'Angleterre & d'Eſcoſſe, 73. Themines, 5. Empereurs des Turcs, 124. Toléde 151. 154. Turpin, 124. Comtes de Vexin & de Pontoiſe, 179. Viuonne, 9 des Vrſins, 184. 185.

Georges Card. d'Armagnac, 128. son extraction illustre, est chery par Charles Duc d'Alençon, 129. le fait sauuer apres la bataille de Pauie, 130. ses vertus & Prelatures, 131. ses Ambassades, 132. est estimé à Rome pour ses qualitez heroïques, 133. du Conseil secret du Roy Henry II. & son Lieutenant general en Languedoc, 134. son Eloge, 136. dernier de la race des Côtes d'Armagnac, *ibid.*

Geoffroy Cœur fils de Iacques, son mariage & sa posterité, 116

Germaine Cœur, femme de Louis de Harlay, Baron de Monglats, 116

Godeffroy d'Estissac Euesq. de Maillezais, 1. succede au Card. de Luxembourg, est amy de Rabelais, 10 se plaisoit à l'agriculture au chasteau de l'Ermenaud. *ibid.*

Gouuerneur & Conseruateur de Rome & leur charge, 54

Guillaume du Bellay Seigneur de Lágey, 19. Martin Prince d'Iuetot. 19

Guy Ascaigne Sforse Card. de saincte Fleur, ses Prelatures, ses emplois & sa mort, 170

TABLE

H

Hector de Gelas, Marq. de Leberon, 5
Hector de Cardaillac, Seigneur de Bioule, 6
Henry Chabot Duc de Rohan, 12. 86
Henry Marquis de Senecey, 6
Henry de Lorraine, Duc de Guise, 142
Hercules II. Duc de Ferrare & sa posterité, 84
Hierosme d'Estouteuille, Seigneur Neapolitain, 45
Hierosme Ghinuccini Card. de Sienne, Euesque d'Ascoli, sa reputation en la Cour Romaine, & sa mort, 14
Hippolite, Card. de Ferrare, Archeuesque d'Arles, 72

I

Iacques d'Albon Mareschal de S. André, 101. 102
Iacques Seigneur d'Angennes, 183
Iacques de Balaguier, Seigneur de Monsalez, 4

DES OBSERVATIONS.

Iacques Cœur Thresorier de l'Espargne de Charles VII. employé dans les affaires d'Estat pour la pacification du Schisme, 106. enuoyé à Rome, ses autres emplois, l'enuie des grands Seigneurs le met en la mauuaise grace du Roy, 107. le Parlement donne Arrest pour sa iustification, 108. Lettres des principaux poincts de son accusation, 106. riches terres qu'il possedoit. Macée de Leodepart sa femme & ses enfans, 115. Iean Archeuesque de Bourges son fils.

Iacques, Card. Simonetta, Euesf. de Pesaro, l'ornement du sacré College, 15

Iardin secret de Belueder du Pape à Rome, 140. sa descriptiõ Latine, 141

Iean l'Archeuesque, Seigneur de Parthenay, & Catherine Vicomtesse de Rohan, 85

Iean de Castelpers Vicõte de Panat, 6

Iean de Langeac Euesq. de Limoges son extraction, ses dignitez & Ambades, 82. liberal enuers son Eglise, son deceds & son Epitaphe, 83

TABLE

Iean Iuuenel des Vrsins Archidiacre de Rheims, 183

Iean, Seigneur d'Estissac en Aunis, 2. Amaurry Bertrand & Louis Baron d'Estissac, 3.4

Iean Cardinal du Bellay, son extraction, & ses grandes Prelatures est chery du Roy François I. pour ses bonnes qualitez, 17. Grand homme d'Estat ses Ambassades, Doyen des Cardinaux, loüange de luy par Paul Ioue, 18

Iean Paul Lascaris grand Maistre de Malthe, 97

Iean Paul Sforse Marquis de Carauas, 100

Iean III. Roy de Portugal sa naissance & ses cóquestes en Ethiopie, 119 & son mariage, 120. Iean IV. Roy de Portugal, ses ancestres de la M. de Bragance, & sa posterité, 123

Iean, Card. de Lorraine & ses dignitez en l'Eglise, 138. homme d'Estat fauory du Roy Henry II. & son deceds, 139

Iean Stuart Duc d'Albanie son extraction, sa mort & son mariage, 72

DES OBSERVATIONS.
Iean Paule de Cere Mareschal de Frãce & sa vie, 181.182
Iean Piccolomini Card. de Senes, ses Eueschez, ses actions & sa mort, 55
Iean, Cardinal Saluiati Euesq. de Ferrare, ses excellentes qualitez & Eueschez, sa Legation, 56. meurt vn des riches du sacré College, le protecteur des gens doctes de son temps, sa mort & son panegyriq. par Sadolet, 57. son extraction & ses freres, *ibid.*
Ieanne d'Estissac, Princesse de Chabanois, 4
Ianissaires de Rome differẽds de ceux du Turc, 118
Innocent, Card. Cybo, Euesque de Marseille, 64. conserue l'Estat de Florence, ses Legations & emplois pour l'Eglise, 65
Isles de Sardaigne & Minorque, 98
Iulie Farnese, sœur de Paul III. 164
Iulien, Card. de la Rouere, 40
Iulien Soderin, Euesq. de Saintes, sa maison, & ses actions en l'Eglise, 102. sa mort, 103

TABLE

L

LA ville de Rome & ses diuerses prises, 50
Laurens, Card. Strozzy Arch. d'Aix, 63
Laurens de Fiesq. Euesq. d'Ascoli, 14
Louis de Sauoye, Prince de Piedmont, 119
Lettre du Roy Charles VIII. au Duc de Bourbon sur son entreueuë du Pape Alexandre VI. 25.26
Louis de Lorraine, Card. de Guise, 139
Louis II. Sire de la Tremoille dissuade François I. de donner la bataille de Pauie, est estimé le premier Capitaine du monde. 70
Louis de la Rochefoucauld Euesq. de Leytoure, 9
Louis de Bassompiere, Euesq. de Saintes, 12
Louise de la Beraudiere, Dame d'Estissac, 7
Lucas Gauric celebre Mathematicien de Paul III. 98
Lucrece d'Est, Duchesse d'Vrbin. 160

M

MArie Anne Louise de Sauoye, 90. de Baufremont Senecey, 6. de la Rochefoucauld, 9. Marie Therese, Infante d'Espagne, 22. Marie Cœur, 116. Marie Saluiaty, 58

Marguerite d'Austriche Duchesse de Florence, & de Parme, sa naissance & son éducation, 144. son mariage és Maisons de Medicis & de Farnese, 145. gouuernante des Pais-bas, sa mort, 147

Marguerite de Harcourt, Dame d'Estissac, 2

Maurice de Blazon, Euesque de Poictiers, 155

Messine, ville de Sicile, & sa description, 100. 101.

Mirebeau & pais de Mirebalais, 154. Seigneurs qui ont possedé ceste Baronnie, 155. 156

Michelle de Saubonne, Dame de Soubise, & son mariage, 85

Monastere de S. Iust à Madrid, retraite de Charles V. 22

TABLE

N

Nicolas, Card. Rodolphi & ses Eueschez qu'il posseda, 159.160

O

Octaue Piccolomini, Duc d'A-malphi, general des armées du Roy d'Espagne, 55
Octauian Farnese, Duc de Parme, 145

P

Palais S. Marc à Rome, 25. du Vatican & sa description, 23. fameuse Bibliotheque, 23
Pauie & description de ceste journée par Guichardin, les Seigneurs de Montmorency & de Brion en sont cause, 71
Paul de Foix Archeuesqne de Thoulouse, 171
Paul III. Pape, son extraction & naissance 15. sa doctrine & bonnes qualitez, son élection au Pontificat, 16.

ses

DES OBSERVATIONS.
ses actions & sa mort, 16
Pauureté du Pape Clement VII. dans
 sa captiuité, 53
Philippes Chabot Admiral de Fran-
 ce, 12
philippes Rois d'Espagne, 22. Philip-
 pes Strozzy & sa posterité, 61. Co-
 lonel General de l'Infanterie de
 France, 64
Pierre Danes Euesq. de l'Auaur sça-
 uant Prelat, Professeur Royal en
 Langne Grecque, 126. Precepteur
 de Henry II. enuoyé au Concile de
 Trente, ses Ambassades, & son
 Epitaphe, 127
Pierre Louis Farnese I. Duc de Parme,
 162. tué pour ses tyrannies, 163
Pierre Stozzy Maresc. de France, 62.
Pierre, Cardinal d'Aubusson, grand
 Maistre de Rhodes, 32
Pontoise, ville du Vexin & sa situatió,
 ses Côtes hereditaires, 179. 180. son
 Domaine reuny à la Couronne, ibid.
Promotion du Card. de S. Malo, 26
Prelats de la Maison de Strozzy, 23
Princes de Masse, Marquis de Carrare,
 Alberic, Cybo & Alderamo, 66.

X

TABLE
Charles I. & II. 67
Princesses de Masse, Richarde Malespine, Elisabeth de la Rouere, Marfise d'Est, 66. Brigida Spinola, Fuluie Pic de la Mirande, 67

R

RAnce, Baron de Cere, Comte de Ponthoise, & ses emplois militaires en la guerre de Milan, & sous les Venitiens, 172. defait Prosper Colomne, loüé par Guichardin, est à la solde du Pape, 173. General de ses troupes en la Romagne 174. sert le Duc de Ferrare & l'Admiral de Bonniuet, deffend Marseille contre Charles V. 175. General de l'armée navale pour la France, 176. assiste au siege de Naples, & est commis à la deffense de Rome assiegée par le Connestable de Bourbon, 177. sert au siege de Naples souz Monsieur de Lotrec, & deffend Barlette en l'Apouille contre les Imperiaux auec grand courage, 178. sa mort & son Eloge, 179

DES OBSERVATIONS.

Rabelais Religieux de l'Ordre de S. Benoist à Maillezais est employé par l'Euesq. de ce lieu estant à Rome y accompagné le Card. du Bellay, 10. luy donne plusieurs Benefices, *ibid.*

Raimõd Foucre Barõ de Kircberg, 63

Referendaires de la Cour Romaine & leur employ, 20

Renée de France, Duchesse de Ferrare. sa naissance, 83. son mariage, sa mort, & sa posterité, 84

Renauld Card. d'Est, Protecteur de France, 80

Roderic Borgia Pape Alexandre VI. neveu de Calixte III. son élection, 164. ses infames pratiques pour y paruenir ses vices & ses vertus raportez par Guichardin, 165. ses emplois dans le Pontificat, 166. description de son empoisonnement, 167. ses enfans, 168

La Roqua, Citadelle de Florence, 143

Vicomtes de Rohan, 8

Rois d'Angleterre de la Maison de Stuart, 73

X ij

TABLE

S

SCipion de Fiesque, Comte de La-
uagne, 26
Sebastien Roy de Portugal, 120
Seigneurs de S. André & de S. For-
geul, 101
Seigneurs des Vrsins & de la Cha-
pelle Gautier, & leur posterité, 184
Silues Picolomini grand Maistre du
Duc de Toscanne, 54
Solyman Empereur des Turcs, ses
conquestes, sa mort & sa posterité,
124
Statuë du Pasquil à Rome, ses Satyres,
158. 159.
Susanne d'Estissac, 4. de Monluc, 5. de
Vignoles, 5

T

TAhamas Roy de Perse, fils d'Is-
mael Sophy, 67. ses guerres auec
le Turc, 67. gaigne la fameuse bataille de Betelis, où moururent cent
mil hommes, 68

DES OBSERVATIONS.

Tauris grande ville de Perse & sa description. 69. 70

Tourteau de France donné par le Roy Louis XI. à Pierre de Medicis, 61

Ducs de Toscane, Cosme I. François, Ferdinand, Cosme II. Ferdinand II. 60

Tunis, ville d'Afrique, sa description & son siege par le Roy sainct Louis, 66

V

Vicechancelier de l'Eglise Romaine & sa fonction, 172

Victoire de la Rouere, Duchesse de Toscane. 60

Z

Zinzime ou Gemes frere de Bajazet Empereur des Turcs se retire à Rhodes, 30. paye au Pape tribut de quarante mil Ducats, 33

Corrections.

PAge 5. ligne 16. lisez point. Page 12. l. 4. lisez Duc. Page 18. l. 19. lisez luy. Page 31. l. 30. lisez plenitudine. Page 3. l. 14. lisez Lieutenant. Page 8. l. 22. lisez Pons. Page 13. l. 10. lisez Anne. Page 46. l. 10. lisez François. Page 50. l. 10. lisez vieille & nouuelle. Page 57. l. 3. lisez grande. Page 102. l. 16. lisez Vicenze. Page 106. lisez Italia.

Il peut y auoir d'autres fautes que celles que l'on a remarquées, que le Lecteur pourra facilement corriger.

www.ingramcontent.com/pod-product-compliance
Lightning Source LLC
Chambersburg PA
CBHW070902170426
43202CB00012B/2155